PowerPoint 365

Beatriz Coronado García

PowerPoint 365
© Beatriz Coronado García

1ª Edición

© IC Editorial, 2026

Editado por: IC Editorial
c/ Cueva de Viera, 2, Local 3
Centro Negocios CADI
29200 Antequera (Málaga)
Teléfono: 952 70 60 04
Fax: 952 84 55 03
Correo electrónico: iceditorial@iceditorial.com
Internet: www.iceditorial.com

ISBN: 979-13-7027-123-7
Depósito Legal: MA 101-2026

Impresión: PODiPrint
Impreso en Andalucía – España

Nota de la editorial: IC Editorial pertenece a Innovación y Cualificación S. L.

Índice

OBJETIVOS GENERALES

Los objetivos generales del título **PowerPoint 365,** son los siguientes:

- ⮞ Conocer el entorno de trabajo y la interfaz de la aplicación.
- ⮞ Utilizar las distintas vistas.
- ⮞ Trabajar con diapositivas.
- ⮞ Insertar objetos.
- ⮞ Conocer y usar las opciones de diseño y temas.
- ⮞ Trabajar con textos.
- ⮞ Utilizar las notas del orador.
- ⮞ Trabajar con imágenes, tablas, gráficos y diagramas.
- ⮞ Incluir elementos multimedia, audio, vídeo, etc.
- ⮞ Crear animaciones y transiciones en una presentación.
- ⮞ Grabar una presentación, publicarla y exportarla.

Entorno de trabajo y diseño de presentaciones

Contenido

Objetivos

Los objetivos generales de esta Unidad de Aprendizaje son:

→ Conocer el entorno de trabajo y la interfaz de la aplicación.

→ Utilizar las distintas vistas.

→ Trabajar con diapositivas.

→ Insertar objetos.

→ Conocer y usar las opciones de diseño y temas.

Los objetivos específicos de esta Unidad de Aprendizaje son:

→ Identificar las partes principales de la interfaz de PowerPoint 365.

→ Diferenciar las distintas vistas disponibles y su utilidad en el proceso de creación.

→ Gestionar presentaciones nuevas y existentes.

→ Insertar objetos básicos en las diapositivas.

→ Aplicar opciones de diseño y plantillas para dar coherencia visual a la presentación.

1. Introducción

En el ámbito profesional y académico, una presentación bien estructurada es una herramienta fundamental para comunicar ideas de forma clara y visual. *Microsoft* PowerPoint 365 ofrece un entorno de trabajo completo que permite diseñar, organizar y personalizar presentaciones con gran flexibilidad.

Aprenderemos a conocer el entorno de PowerPoint, a identificar sus principales elementos y a movernos entre las diferentes vistas disponibles. También descubriremos cómo crear y organizar presentaciones, manipular diapositivas, insertar objetos básicos y aplicar diseños o temas que aporten coherencia visual. Con ello, se sientan las bases para elaborar presentaciones efectivas, que transmitan información con impacto y profesionalidad.

A lo largo de esta unidad seguiremos a Lisbeth y a Manuel, que están organizando un proyecto que debe presentarse ante la dirección de su empresa. El reto al que se enfrentan consiste en preparar una exposición clara y atractiva que muestre los objetivos, avances y resultados de su iniciativa. Para lograrlo, necesitan estructurar la información en diapositivas, aplicar un diseño coherente y asegurarse de que la presentación transmita profesionalidad. Durante el proceso aprenderán a utilizar las herramientas de PowerPoint 365 para gestionar sus archivos, organizar las diapositivas y aplicar estilos visuales que refuercen el mensaje.

2. Interfaz de PowerPoint 365

 HILO CONDUCTOR

Al comenzar a preparar su presentación, Lisbeth y Manuel abren PowerPoint 365 y se encuentran con una interfaz repleta de herramientas. Aunque al principio puede parecer abrumador, descubren que la cinta de opciones organiza las funciones de manera clara en pestañas, y que los paneles laterales y el área de trabajo permiten tener siempre a la vista las diapositivas y el contenido. Familiarizarse con esta interfaz será su primer paso para trabajar con seguridad en su proyecto.

PowerPoint 365 es una aplicación de *Microsoft Office* que forma parte del paquete de *Microsoft 365*. Sirve para **crear, editar y presentar presentaciones digitales** mediante diapositivas que pueden contener texto, imágenes, vídeos, animaciones, tablas, gráficos y otros elementos. Es una herramienta muy utilizada en entornos educativos, empresariales y profesionales para comunicar ideas de forma visual y ordenada.

Las **opciones principales** que aparecen al abrir PowerPoint 365 son las siguientes:

⮩ **Panel lateral izquierdo:**

  ʊ **Inicio:** pantalla principal con accesos a plantillas y a archivos recientes.
  ʊ **Nuevo:** permite crear una presentación desde cero o a partir de plantillas prediseñadas.
  ʊ **Abrir:** accede a presentaciones guardadas en el equipo o en la nube (*OneDrive, SharePoint*).
  ʊ **Cuenta:** configuración de la cuenta de Microsoft vinculada (información de usuario, licencia, sincronización).
  ʊ **Opciones:** preferencias del programa (idioma, accesibilidad, personalización de la cinta, etc.).

⮩ **Zona central (nueva):** aquí se pueden elegir distintas formas de iniciar una presentación:

  ʊ **Crear con *Copilot* (si está disponible):** utiliza inteligencia artificial para generar presentaciones automáticas a partir de texto.
  ʊ **Presentación en blanco:** inicia desde cero.
  ʊ **Plantillas prediseñadas:** diseños con estilos gráficos ya preparados, como *Fibras tejidas, Bloque de color geométrico, Vibrante psicodélico,* etc.
  ʊ **Más temas:** acceso a un catálogo más amplio de plantillas.

⮩ **Barra superior (franja roja):**

  ʊ Acceso rápido a Ayuda, Búsqueda, Perfil de usuario y Cerrar sesión o Salir del programa.

⮩ **Sección de archivos recientes y favoritos:**

  ʊ Permite abrir documentos recientes, marcar favoritos para acceder fácilmente, o ver archivos compartidos con la persona usuaria a través de *OneDrive*.

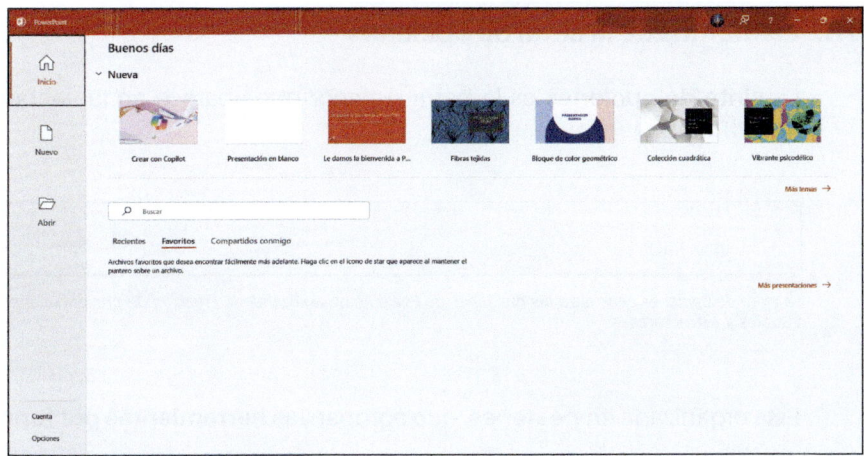

Pantalla de inicio de PowerPoint 365, que muestra las opciones de diseño para comenzar una nueva presentación con estilo y eficiencia.

NOTA

Cuando abrimos PowerPoint 365, nos encontramos con un entorno diseñado para facilitar la creación de presentaciones.

- -

La interfaz está pensada para que cualquier persona usuaria pueda identificar rápidamente dónde crear, organizar y personalizar sus diapositivas. En los siguientes apartados vamos a conocer sus partes principales.

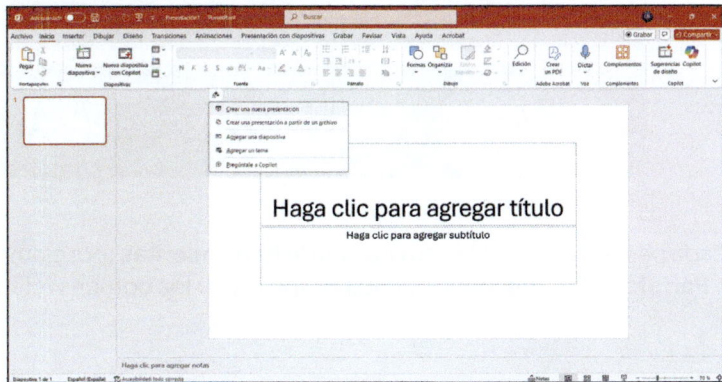

La diapositiva en blanco permite estructurar el contenido desde cero.

2.1. Elementos de la cinta de opciones

La **cinta de opciones** es la barra superior que aparece en la ventana de PowerPoint.

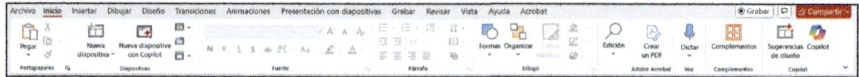

La cinta de opciones centraliza las funciones de PowerPoint, agilizando la creación de presentaciones visuales y estructuradas.

Está organizada en **pestañas,** que agrupan las **herramientas por función:**

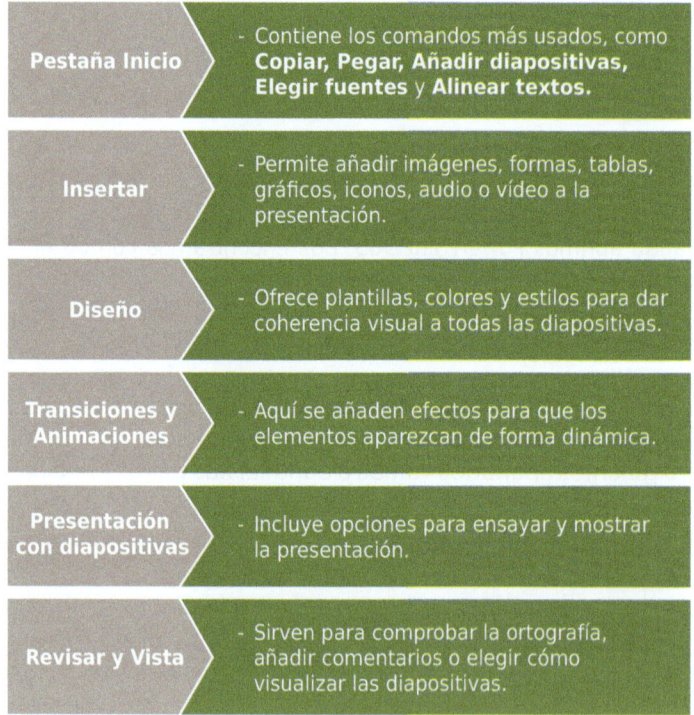

Cada pestaña se organiza en **grupos de herramientas** (por ejemplo, **Fuente** o **Párrafo** dentro de **Inicio**) y cada grupo reúne los botones relacionados.

2.2. Paneles y área de trabajo

Además de la cinta de opciones, PowerPoint organiza su espacio en distintos **paneles:**

⮞ **Panel de diapositivas (izquierda).** Muestra en miniatura todas las diapositivas de la presentación. Permite ordenarlas arrastrando y soltando, duplicarlas o eliminarlas.

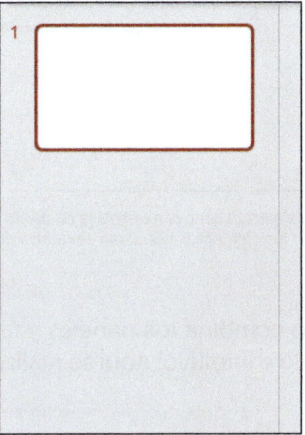

El panel de navegación lateral ofrece una vista estructurada de la presentación, útil para revisar el orden y acceder a cada diapositiva con facilidad.

⮞ **Panel de notas (parte inferior).** Ofrece un espacio para escribir recordatorios o explicaciones que solo verá la persona que expone.

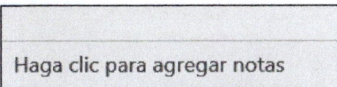

Las notas del presentador permiten complementar cada diapositiva con ideas clave, aclaraciones o instrucciones.

⮡ **Panel de diapositiva principal (centro).** Es el área más grande, donde se edita directamente la diapositiva seleccionada.

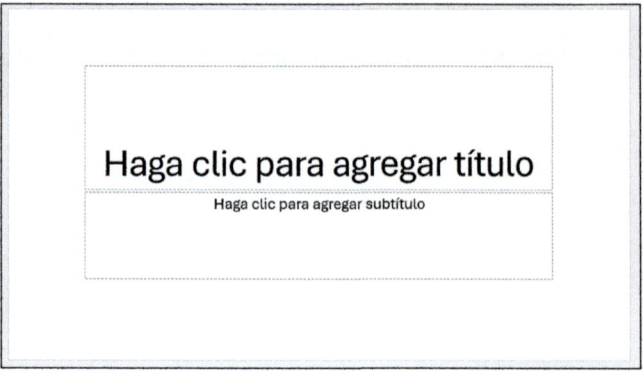

La zona de edición central muestra la diapositiva activa, donde se agregan y se ajustan los elementos visuales y textuales del contenido.

El área de trabajo combina los paneles y la cinta de opciones para que el diseño sea sencillo e intuitivo. Aquí se realizan tres **tareas principales:**

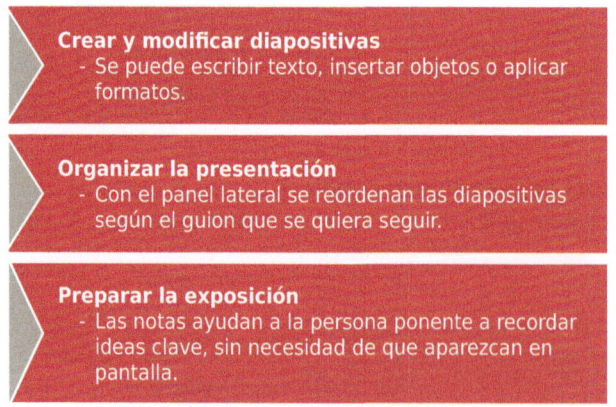

TAREA 1

Ricardo acaba de incorporarse al Departamento de Comunicación de la empresa EuskaDesign S. L., donde deberá preparar presentaciones visuales para los clientes.

Su compañera Lili, que ya domina PowerPoint 365, le explica que, antes de empezar a crear diapositivas, es fundamental conocer y personalizar la interfaz de trabajo.

Tu tarea consistirá en ayudar a Ricardo a explorar el entorno de PowerPoint y a configurar su espacio de trabajo de la siguiente manera:

- Abrir PowerPoint 365 desde el menú **Inicio** o desde el acceso directo.
- Crear una nueva presentación en blanco desde la pantalla **Inicio.**
- Identificar los principales elementos de la interfaz:

    · Cinta de opciones (pestañas **Inicio, Insertar, Diseño,** etc.)
    · Panel de diapositivas (lado izquierdo)
    · Panel de notas (parte inferior)
    · Área de trabajo central (zona de edición de diapositivas)

- Acceder a la pestaña **Vista** y realizar las siguientes configuraciones:

    · Cambiar la posición del panel de notas para mostrarlo si está oculto.
    · Probar la vista **Clasificador de diapositivas** para ver la presentación completa.

---

3. Vistas de la presentación

HILO CONDUCTOR

A medida que avanzan en la preparación de su exposición, Lisbeth y Manuel se dan cuenta de que no basta con centrarse en una sola diapositiva. Para planificar mejor el flujo de su proyecto exploran las distintas vistas: la vista **Normal**

Continúa en página siguiente >>

<< Viene de página anterior

para editar, la vista **Clasificador de diapositivas** para organizar el orden y la vista **Presentación con diapositivas** para ensayar el resultado final. Gracias a estas herramientas, logran tener una visión global y detallada de su trabajo.

PowerPoint ofrece distintas **formas de visualizar el contenido,** llamadas **Vistas.** Cada una se adapta a un momento diferente del trabajo: cuando estamos editando, cuando organizamos y cuando presentamos. Conocerlas ayuda a utilizar la herramienta de manera más eficaz.

Cada vista se activa desde la pestaña **Vista** o con accesos rápidos, según la necesidad. Las **vistas principales** son:

Además, el programa dispone de otras vistas, como:

- ⊃ **Vista Esquema.** Para trabajar con el texto de la presentación en formato jerárquico (títulos y subtítulos). Resulta útil cuando queremos concentrarnos en el contenido escrito más que en el diseño.
- ⊃ **Página de notas.** Para añadir y revisar notas del ponente junto con la diapositiva. Sirve como apoyo durante la exposición.
- ⊃ **Vista Lectura.** Para revisar la presentación en pantalla completa, pero dentro de la ventana de PowerPoint. Es cómoda para repasar sin necesidad de salir al modo Presentación.
- ⊃ **Patrón de diapositivas.** Para modificar el diseño general de toda la presentación (tipografías, fondos, colores y estilos aplicados a todas las diapositivas).
- ⊃ **Patrón de documentos.** Para imprimir esquemas o guías de la presentación con varias diapositivas por página.
- ⊃ **Patrón de notas.** Para dar formato a las páginas de notas que se imprimen junto a las diapositivas.

En resumen, las vistas disponibles en PowerPoint 365 se pueden agrupar en tres categorías, según su finalidad:

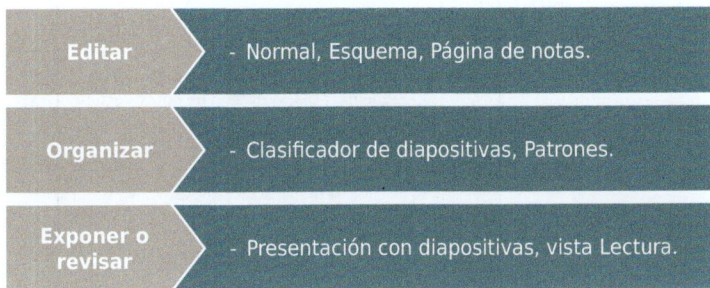

Editar	- Normal, Esquema, Página de notas.
Organizar	- Clasificador de diapositivas, Patrones.
Exponer o revisar	- Presentación con diapositivas, vista Lectura.

3.1. Vista Normal

Es la vista predeterminada al abrir una presentación. Se caracteriza por:

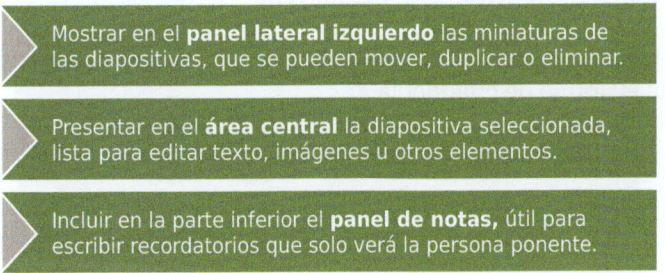

Mostrar en el **panel lateral izquierdo** las miniaturas de las diapositivas, que se pueden mover, duplicar o eliminar.

Presentar en el **área central** la diapositiva seleccionada, lista para editar texto, imágenes u otros elementos.

Incluir en la parte inferior el **panel de notas,** útil para escribir recordatorios que solo verá la persona ponente.

 **NOTA**

Es la vista ideal para **crear y modificar contenido** en cada diapositiva.

Aunque aparece por defecto al abrir una presentación, también se puede activar manualmente. Los pasos para realizar esta tarea son:

➲ **Paso 1.** Haz clic en la pestaña **Vista** de la cinta de opciones.

⮑ **Paso 2.** Selecciona la opción **Normal** en el grupo **Vistas de presentación:**

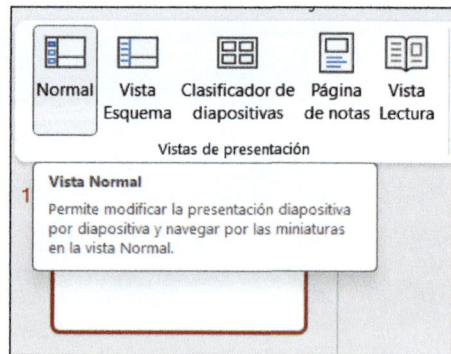

Seleccionar la vista Normal activa el entorno de edición principal, donde se trabaja el contenido de cada diapositiva y se gestiona su orden.

3.2. Vista Clasificador de diapositivas

En esta vista todas las diapositivas aparecen en miniatura, ocupando la pantalla en forma de cuadrícula.

La vista **Clasificador de diapositivas** permite:

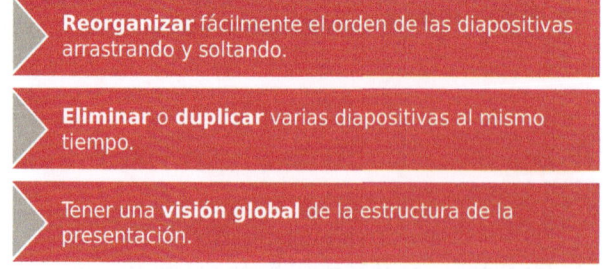

Reorganizar fácilmente el orden de las diapositivas arrastrando y soltando.

Eliminar o **duplicar** varias diapositivas al mismo tiempo.

Tener una **visión global** de la estructura de la presentación.

 **NOTA**

Es muy práctica para **planificar el guion visual** de la exposición.

Se activa siguiendo estos **pasos:**

➲ **Paso 1.** Haz clic en la pestaña **Vista** de la cinta de opciones.
➲ **Paso 2.** Selecciona la opción **Clasificador de diapositivas** en el grupo **Vistas de presentación:**

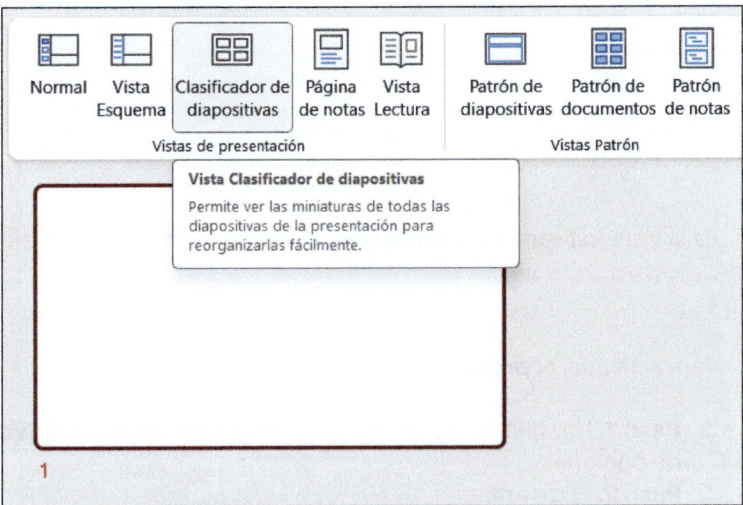

El Clasificador de diapositivas muestra el conjunto completo de la presentación, facilitando la edición del orden y la coherencia narrativa.

También puedes hacer clic en el icono **Clasificador de diapositivas** en la barra inferior derecha, junto al *zoom:*

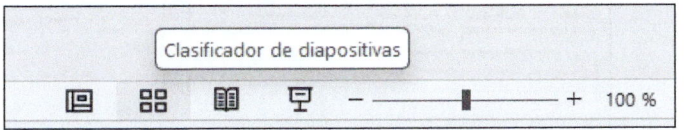

El acceso directo al Clasificador de diapositivas facilita la edición estructural de la presentación sin cambiar de pestaña.

Vista Presentación con diapositivas

Es la vista que se utiliza para **mostrar la presentación al público.**

Sus **características** principales son:

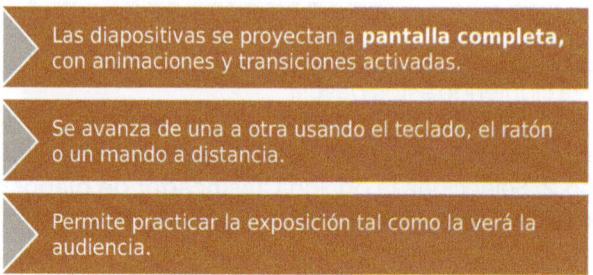

Las diapositivas se proyectan a **pantalla completa,** con animaciones y transiciones activadas.

Se avanza de una a otra usando el teclado, el ratón o un mando a distancia.

Permite practicar la exposición tal como la verá la audiencia.

NOTA

Es la vista indicada para **ensayar y exponer** de manera profesional.

Para activarla, el **proceso** es el siguiente:

‍⊃ **Paso 1.** Haz clic en la pestaña **Presentación con diapositivas** de la cinta de opciones.
‍⊃ **Paso 2.** Elige entre:

    ◑ **Desde el principio:** para comenzar la presentación desde la primera diapositiva:

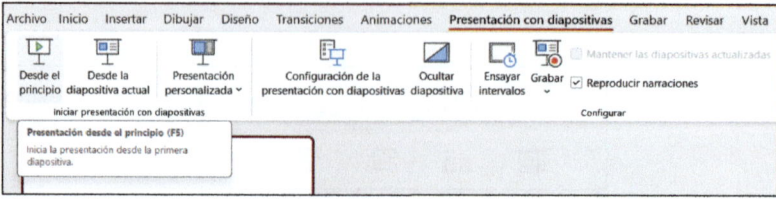

La opción Desde el principio, en la pestaña Presentación con diapositivas, permite iniciar la exposición desde la primera diapositiva con solo un clic o pulsando F5.

◑ **Desde la diapositiva actual:** para iniciar desde la que estés editando:

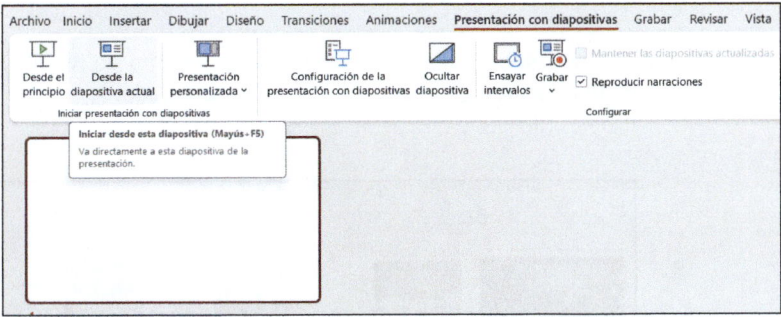

La función Desde la diapositiva actual agiliza el ensayo de la presentación sin necesidad de recorrer todas las diapositivas desde el inicio.

👁 EJEMPLO

1. Normal

Se observa la diapositiva principal con el título "Descubriendo Ripoll: Historia, Cultura y Tradición", mientras el panel lateral muestra las demás diapositivas de la presentación:

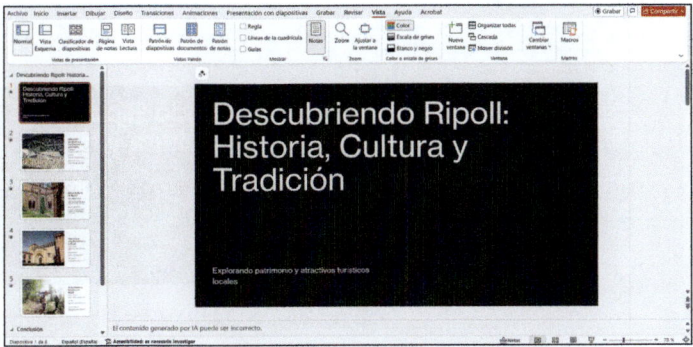

La vista Normal facilita la organización del discurso visual, mostrando simultáneamente el contenido y el orden de las diapositivas.

Continúa en página siguiente >>

<< Viene de página anterior

2. Clasificador de diapositivas

Las diapositivas sobre "Historia, Patrimonio y Turismo en Ripoll" se visualizan en cuadrícula, facilitando el orden lógico del contenido:

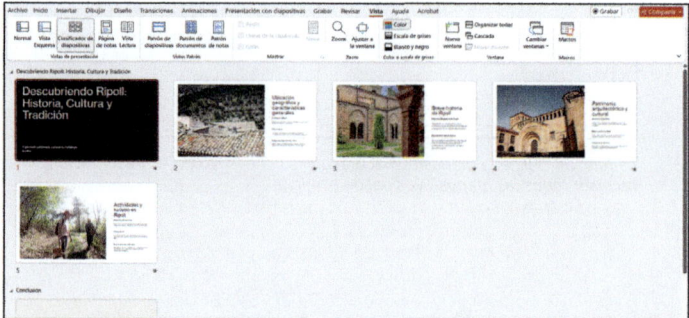

La presentación sobre Ripoll se estructura fácilmente en el clasificador, donde cada diapositiva se puede mover y reorganizar según el hilo temático.

3. Esquema

Se puede leer el texto de cada diapositiva, lo que ayuda a comprobar que el desarrollo sea coherente y fluido:

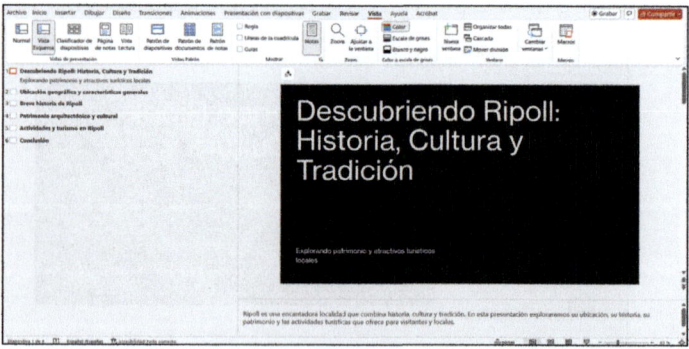

La vista Esquema facilita la revisión del discurso, mostrando el texto completo de las diapositivas para mejorar la claridad y el orden lógico.

Continúa en página siguiente >>

<< Viene de página anterior

4. Página de notas

Se muestra la diapositiva del título junto con un texto explicativo sobre la historia de Ripoll en la parte inferior:

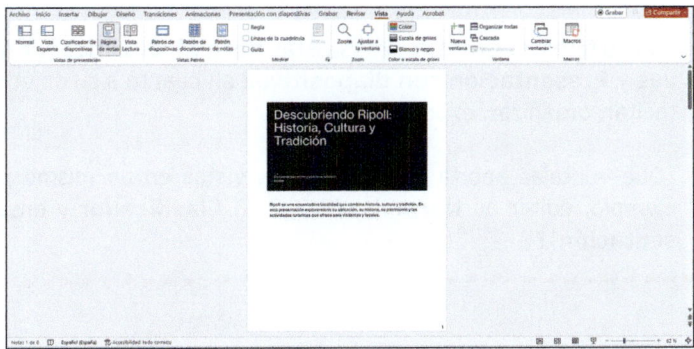

La vista Página de notas facilita la planificación del discurso, añadiendo comentarios clave sin alterar el diseño visual de la diapositiva.

5. Lectura

La diapositiva del título ocupa toda la pantalla, mostrando el diseño final antes de proyectarla:

La vista Lectura permite visualizar la presentación tal como la verá el público, sin distracciones de edición.

ACTIVIDAD COMPLEMENTARIA

1. Investiga cómo se utilizan las vistas de PowerPoint para editar, organizar y presentar una exposición (vista **Normal, Clasificador de diapositivas** y **Presentación con diapositivas).** Analizar cuándo conviene usar cada vista para planificar mejor el flujo de tu proyecto.

   ¿Qué diferencia existe entre las vistas **Normal, Clasificador de diapositivas** y **Presentación con diapositivas** en cuanto a su objetivo de trabajo (editar, organizar, exponer)?

   ¿Qué ventajas aporta combinar estas vistas en un mismo proyecto (por ejemplo, editar en **Normal,** ordenar en **Clasificador** y ensayar en **Presentación)?**

4. Gestión de presentaciones

HILO CONDUCTOR

El proyecto de Lisbeth y Manuel requiere varios borradores y versiones que deben guardar y organizar. Aprenden a crear nuevas presentaciones desde cero, a abrir archivos anteriores y a guardarlos en diferentes formatos, asegurando que nada se pierda en el camino. Esta gestión ordenada de sus documentos les da tranquilidad y les permite trabajar con mayor eficiencia.

En PowerPoint 365, la **gestión de presentaciones** incluye todas las acciones necesarias para crear, guardar, abrir y organizar los archivos de trabajo.

Dominar estas funciones básicas garantiza que el trabajo sea seguro y fácil de reutilizar.

4.1. Crear una presentación

Existen varias formas de empezar un nuevo archivo.

El primer paso es hacer clic en la pestaña **Archivo** de la cinta de opciones y seleccionar **Nuevo:**

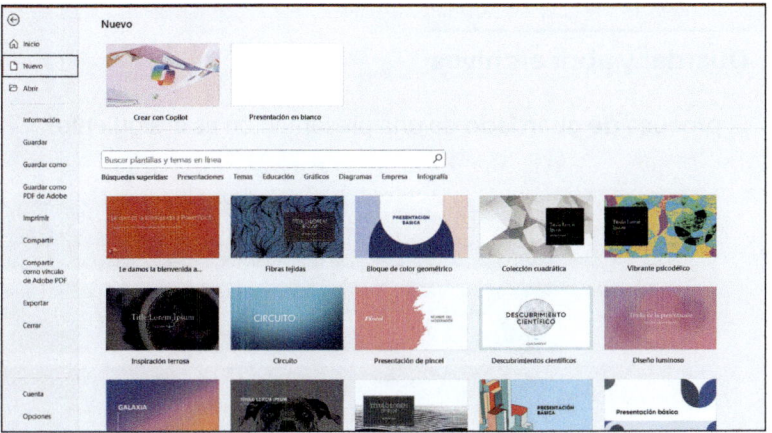

La opción Nuevo permite elegir entre plantillas temáticas o empezar desde cero, adaptando el diseño a las necesidades del contenido.

A partir de aquí, elige una de estas **opciones:**

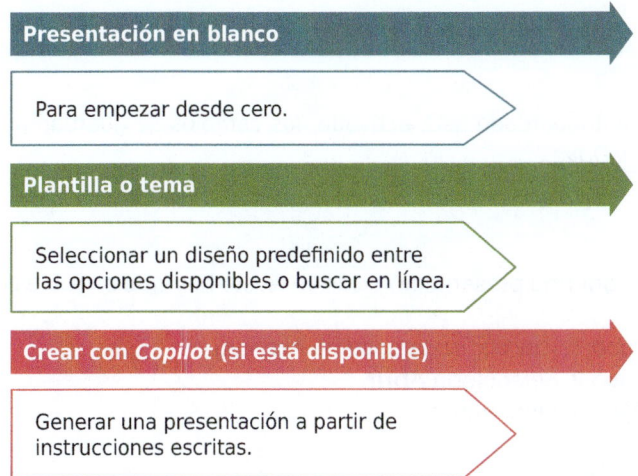

Presentación en blanco

Para empezar desde cero.

Plantilla o tema

Seleccionar un diseño predefinido entre las opciones disponibles o buscar en línea.

Crear con *Copilot* (si está disponible)

Generar una presentación a partir de instrucciones escritas.

 **CONSEJO**

Usar una plantilla facilita mantener un estilo coherente y profesional.

4.2. Guardar y abrir archivos

El **proceso de guardado** de una presentación es el siguiente:

Paso 1	- Haz clic en la pestaña **Archivo.**
Paso 2	- Selecciona **Guardar como.**
Paso 3	- Escoge la ubicación: *OneDrive* (nube), Este PC o Examinar (para elegir una carpeta).
Paso 4	- Escribe el nombre del archivo y haz clic en **Guardar.**

 **NOTA**

Si el autoguardado está activado, los cambios se guardan automáticamente en *OneDrive*.

Para abrir una presentación que ya existe hay que seguir estos **pasos:**

- **Paso 1.** Haz clic en la pestaña **Archivo.**
- **Paso 2.** Selecciona **Abrir.**
- **Paso 3.** Elige entre:

  - **Recientes:** para acceder a archivos usados últimamente.
  - **Este PC:** para abrir desde tu equipo.
  - *OneDrive* **u otra ubicación:** para archivos guardados en la nube.

4.3. Organizar presentaciones

Una vez creadas, las presentaciones se pueden organizar para facilitar su localización y uso:

➲ **Favoritos.** Permite marcar las presentaciones que usamos con frecuencia, para acceder a ellas de manera rápida:

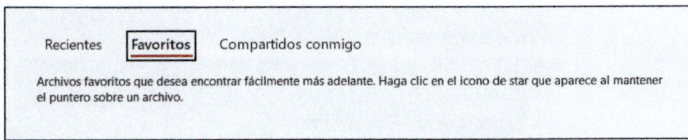

Al marcar una presentación como favorita, se facilita su localización en futuras sesiones de trabajo.

➲ **Compartidos conmigo.** Reúne los archivos que otras personas nos han compartido en *OneDrive* o en *Teams:*

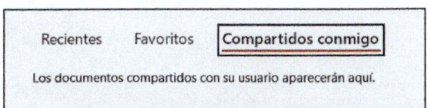

La pestaña Compartidos conmigo centraliza los documentos recibidos, optimizando el trabajo en equipo y la gestión de archivos compartidos.

➲ **Carpetas y ubicaciones.** Organizar archivos en carpetas específicas en el PC o en la nube ayuda a mantener un orden lógico.

➲ **Cambiar nombre o mover archivo.** Es posible renombrar la presentación o ponerla en otra ubicación utilizando la opción **Guardar como.**

NOTA

Mantener una organización clara ahorra tiempo y evita perder documentos importantes.

En la sección **Información** del menú **Archivo,** PowerPoint 365 ofrece distintas herramientas para **gestionar y mantener actualizada la presentación.**

Estas opciones permiten proteger el documento, revisar su contenido, acceder a versiones anteriores y administrar los archivos guardados.

Entre las **funciones disponibles** se encuentran:

Proteger presentación
- Controla el tipo de cambios que otras personas pueden realizar en el archivo, como restringir la edición o añadir una contraseña.

Inspeccionar presentación
- Revisa el documento antes de publicarlo para eliminar información oculta, como propiedades del autor o notas privadas.

Historial de versiones
- Permite ver y restaurar versiones anteriores del archivo, algo especialmente útil cuando se trabaja de forma colaborativa.

Administrar presentación
- Ofrece acceso a las copias automáticas guardadas y permite recuperar presentaciones cerradas sin guardar.

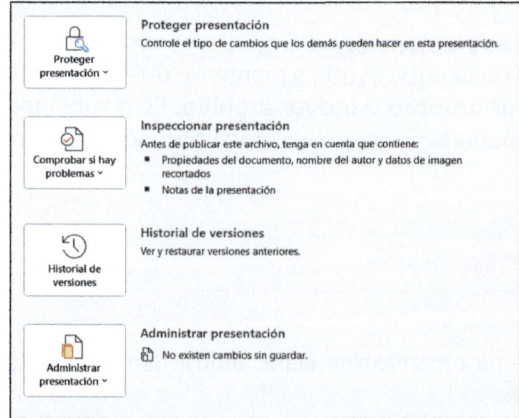

Las opciones de protección y administración aseguran que la presentación se mantenga segura, actualizada y libre de errores antes de compartirla.

Además, en la parte superior de este mismo panel se incluyen las siguientes **opciones rápidas de gestión del archivo:**

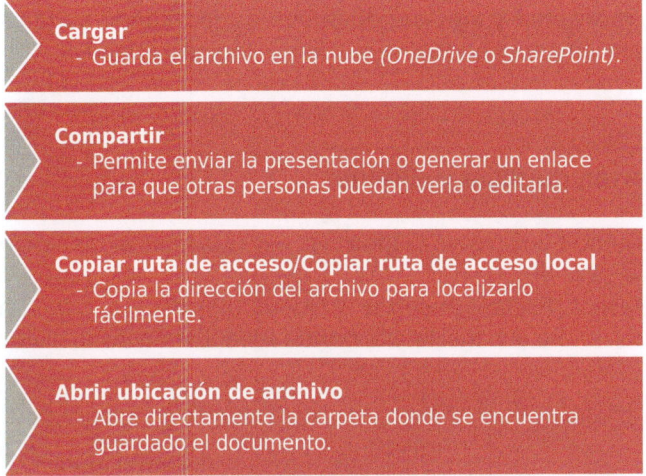

PowerPoint ofrece accesos directos para compartir archivos, copiar rutas y abrir ubicaciones, facilitando así la organización y la distribución de presentaciones.

5. Manejo de diapositivas

 **HILO CONDUCTOR**

Con el contenido ya definido, llega el momento de dar forma a la estructura de la presentación. Lisbeth y Manuel insertan nuevas diapositivas para añadir ideas, duplican las que necesitan mantener con pequeñas variaciones y eliminan aquellas que ya no encajan en el guion. También reordenan las diapositivas para que la narrativa del proyecto sea clara y lógica, facilitando que el público siga la exposición paso a paso.

Una presentación se compone de distintas diapositivas que, en conjunto, forman la estructura visual del contenido.

PowerPoint 365 ofrece varias herramientas para **insertar, duplicar, eliminar, reordenar y agrupar diapositivas,** facilitando así la organización del trabajo y manteniendo una secuencia lógica y atractiva.

5.1. Insertar, duplicar y eliminar

Para añadir una nueva diapositiva, hay que realizar los siguientes **pasos:**

➲ **Paso 1.** Pestaña **Insertar → Nueva diapositiva,** o bien hacer clic derecho sobre el panel lateral donde se muestran las miniaturas:

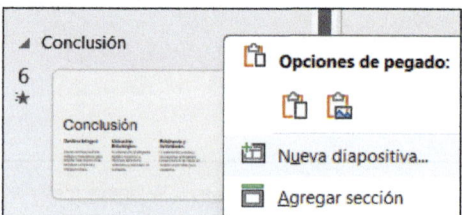

PowerPoint ofrece accesos rápidos para añadir contenido y estructurar la presentación directamente desde el panel de diapositivas.

➲ **Paso 2.** Al hacerlo, PowerPoint ofrece distintas opciones para personalizar la diapositiva (título, texto, imagen, gráfico, etc.), que se pueden elegir según la necesidad:

PowerPoint ofrece distintos diseños de diapositiva que permiten combinar títulos, texto, imágenes y gráficos según las necesidades del contenido.

NOTA

Atajo útil: presionar [Ctrl + M] inserta una nueva diapositiva al instante.

Duplicar es útil cuando se quiere **mantener el mismo diseño o estructura** de una diapositiva anterior sin tener que recrearla desde cero.

Solo hay que seleccionar la diapositiva, hacer clic derecho y elegir **Duplicar diapositiva.**

Duplicar diapositivas desde el menú contextual facilita la edición y adaptación de presentaciones sin necesidad de rehacer el diseño.

También puede hacerse desde la pestaña **Inicio → Nueva diapositiva → Duplicar diapositiva seleccionada:**

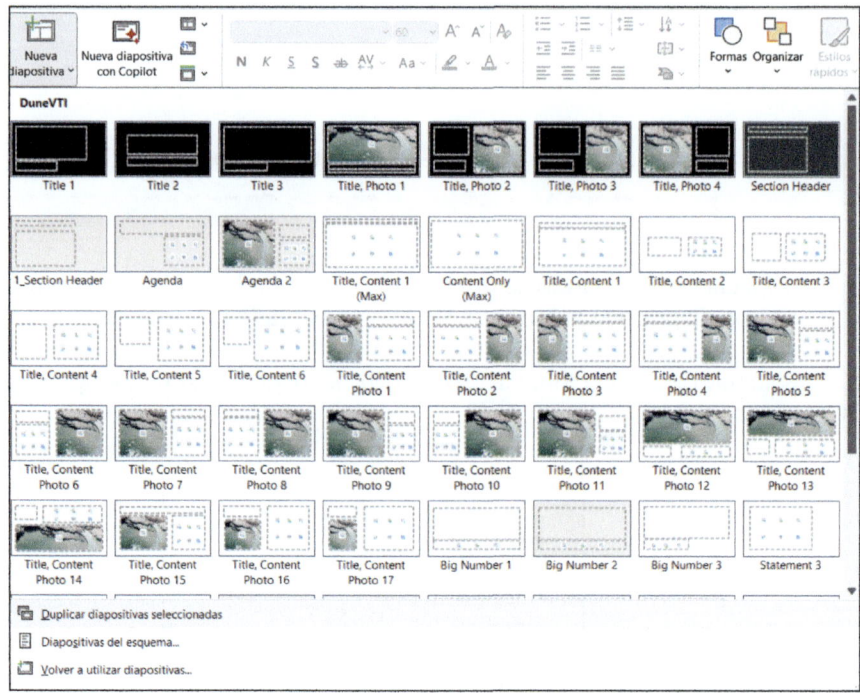

PowerPoint facilita la organización del contenido mediante plantillas de diapositivas adaptadas a distintos objetivos comunicativos.

Para borrar una diapositiva, basta con seleccionarla y pulsar la tecla [Supr], o bien hacer clic derecho y elegir **Eliminar diapositiva.**

 **IMPORTANTE**

Es recomendable revisar bien antes de eliminar, sobre todo si hay animaciones o transiciones aplicadas, ya que se perderán con la diapositiva.

5.2. Reordenar y agrupar diapositivas

El orden en que aparecen las diapositivas influye directamente en cómo se percibe la presentación. Por ello, en PowerPoint se pueden realizar las siguientes **acciones:**

- **Arrastrar y soltar.** Desde el panel lateral izquierdo, se pueden arrastrar y soltar las miniaturas para colocarlas en la secuencia deseada.
- **Cambiar el orden.** También se puede cambiar de orden desde la vista **Clasificador de diapositivas,** que muestra todas las diapositivas en cuadrícula, facilitando la reorganización visual.
- **Organizar por secciones.** Aunque PowerPoint no agrupa diapositivas del mismo modo que agrupa objetos, sí permite organizar grupos temáticos o secciones dentro de una presentación.

  Esto se logra desde la vista **Clasificador de diapositivas,** haciendo clic derecho en **Agregar sección:**

PowerPoint permite agrupar diapositivas en secciones, lo que ayuda a organizar la información por temas o etapas del discurso.

Cada sección puede tener un nombre (por ejemplo, "Introducción", "Datos históricos", "Conclusiones") y agrupar las diapositivas relacionadas. Además, es posible cambiarlo fácilmente:

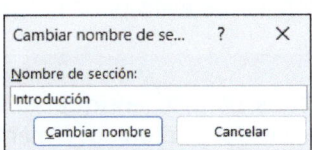

Asignar nombres a las secciones mejora la claridad y facilita la navegación durante la edición o exposición.

ACTIVIDAD COMPLEMENTARIA

2. Investiga cómo se gestionan las diapositivas dentro de una presentación en PowerPoint, analizando las distintas acciones que permiten mantener una estructura ordenada y coherente: insertar, duplicar, eliminar, reordenar y agrupar.

    1. ¿Por qué es importante planificar el orden de las diapositivas antes de presentar un proyecto?
    2. ¿Qué ventajas tiene duplicar una diapositiva en lugar de crear una nueva desde cero?
    3. ¿De qué manera ayudan las secciones a mantener una presentación clara y organizada?

6. Inserción de objetos básicos

HILO CONDUCTOR

Para reforzar sus mensajes, Lisbeth y Manuel deciden añadir elementos visuales. Insertan cuadros de texto para destacar cifras clave, formas para ilustrar procesos y gráficos simples que ayuden a transmitir resultados. Comprueban cómo estos objetos aportan dinamismo a la presentación, evitando que sea solo texto y logrando captar mejor la atención de quienes la verán.

En PowerPoint 365, los **objetos** son todos los elementos que se insertan en una diapositiva además del texto principal: cuadros, formas, iconos, gráficos, imágenes, etc.

Aprender a manejarlos permite **enriquecer las presentaciones,** mejorar la comprensión visual del contenido y mantener una estructura clara y atractiva.

6.1. Cuadros de texto y formas

Los **cuadros de texto** sirven para insertar texto adicional en cualquier parte de la diapositiva, de forma independiente al diseño predefinido.

Se crean desde la pestaña **Insertar → Cuadro de texto,** haciendo clic en el lugar donde se quiera escribir:

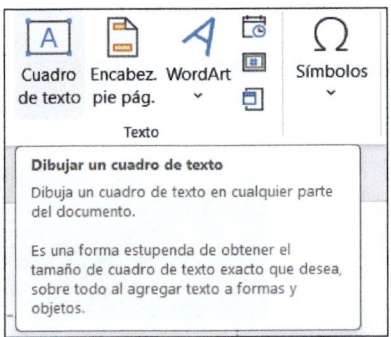

El cuadro de texto facilita la organización visual del contenido, permitiendo ubicar texto en zonas específicas del documento.

Una vez insertado, se pueden realizar las siguientes **opciones:**

- **Mover.** Libremente por la diapositiva.
- **Redimensionar.** Desde los controladores de los bordes:

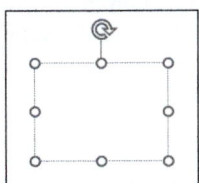

Al seleccionar un cuadro de texto, se activan los controladores para redimensionarlo o rotarlo, según las necesidades del diseño.

⊃ **Aplicar formato.** Al texto (tipo de letra, color, alineación, etc.):

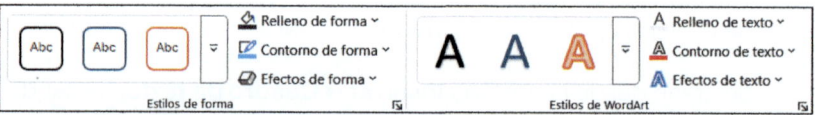

El panel Formato facilita la personalización del diseño mediante opciones de estilo que refuerzan la comunicación visual.

⊃ **Añadir efectos.** Como sombras o bordes:

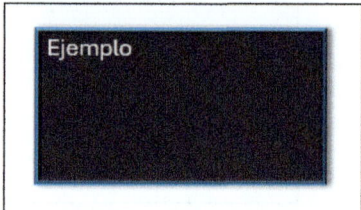

Aplicar formato al cuadro de texto permite destacar información clave mediante el uso de estilos visuales personalizados.

👁 EJEMPLO

En una diapositiva con una imagen de un monumento, se puede añadir un cuadro de texto con una breve descripción o un dato histórico relevante.

💬 CONSEJO

Usar cuadros de texto ayuda a destacar ideas clave sin sobrecargar el diseño principal de la diapositiva.

Las **formas** son elementos gráficos básicos que permiten crear esquemas, resaltar información o decorar la presentación.

Desde **Insertar** → **Formas,** se puede elegir entre líneas, flechas, rectángulos, círculos, estrellas, nubes, bocadillos y muchas otras opciones:

Las formas disponibles en PowerPoint facilitan la creación de esquemas, ilustraciones y recursos visuales adaptados al contenido de la presentación.

Después de dibujar una forma, se puede personalizar:

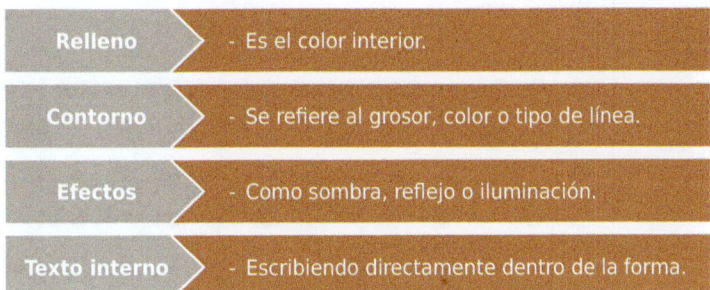

Relleno — Es el color interior.

Contorno — Se refiere al grosor, color o tipo de línea.

Efectos — Como sombra, reflejo o iluminación.

Texto interno — Escribiendo directamente dentro de la forma.

 **EJEMPLO**

En una presentación sobre "Descubriendo Ripoll", se puede usar una flecha para señalar un punto concreto de un mapa o un rectángulo para enmarcar una cita importante.

6.2. Elementos gráficos simples

Además de texto y formas, PowerPoint ofrece otros recursos gráficos que facilitan la comunicación visual. Se encuentran en la sección **Ilustraciones** del menú **Insertar:**

Los elementos de la sección Ilustraciones ayudan a transformar el contenido textual en recursos visuales más atractivos y comprensibles.

Entre los **elementos** que se pueden encontrar destacan:

➲ **Iconos.** Son dibujos vectoriales que se adaptan al tamaño sin perder calidad. Son ideales para representar ideas, acciones o categorías (por ejemplo, un avión para "viaje" o un libro para "historia").

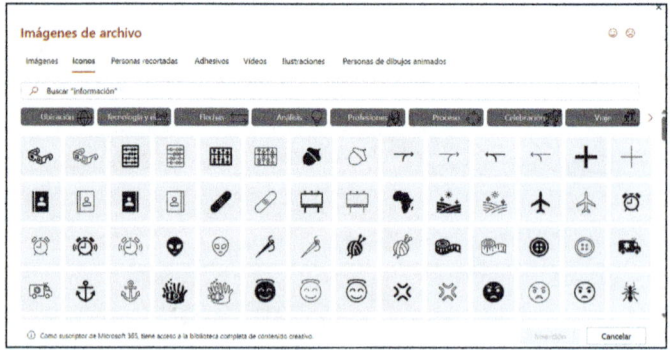

Los iconos vectoriales permiten representar ideas o categorías con claridad visual, adaptándose al tamaño sin perder calidad.

⊃ **Modelos 3D.** Permiten insertar objetos tridimensionales que se pueden girar y mover en el espacio:

Los objetos tridimensionales permiten representar conceptos de forma interactiva, adaptándose al diseño y al enfoque de cada diapositiva.

⊃ *SmartArt.* Convierte información textual en esquemas visuales, como listas, procesos o jerarquías:

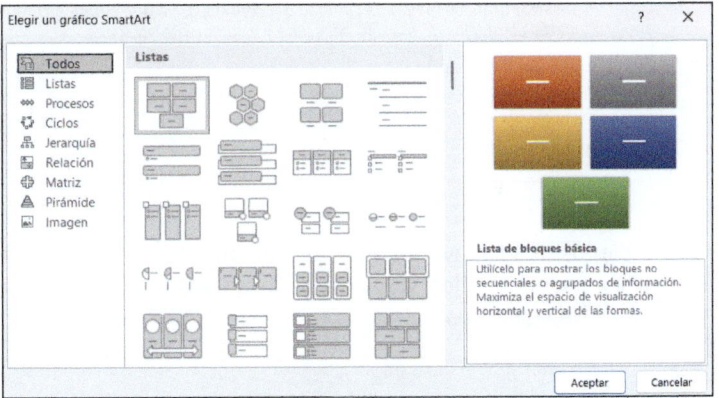

La galería de SmartArt ofrece diseños gráficos que ayudan a organizar y comunicar ideas de forma clara y atractiva.

● **Gráficos.** Representan datos numéricos mediante barras, líneas o sectores, haciendo más comprensible la información estadística:

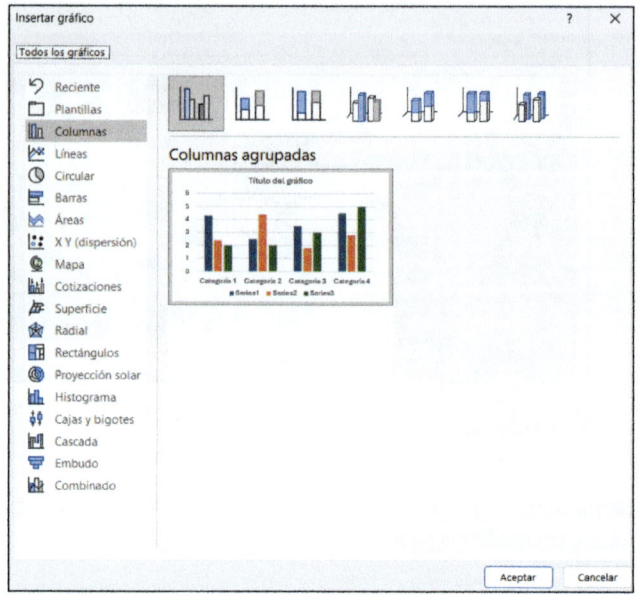

Insertar gráficos mejora la claridad del contenido, ya que ayuda a comunicar datos complejos de manera accesible y visualmente atractiva.

 **EJEMPLO**

Si una diapositiva incluye los tipos de turismo de una región, se pueden usar iconos para identificarlos visualmente o un gráfico circular para mostrar su porcentaje de visitantes.

- -

 TAREA 2

Nerea trabaja en la empresa KreaVisual S. L. y está preparando una presentación para un nuevo cliente.

Continúa en página siguiente >>

<< Viene de página anterior

Necesita organizar correctamente sus ideas en PowerPoint, añadiendo nuevas diapositivas, eliminando las que no necesita y ordenándolo todo para que la exposición siga un hilo coherente.

Ayúdala a crear y estructurar su presentación realizando las siguientes acciones:

1. Abrir PowerPoint 365 y crear una nueva presentación en blanco.
2. Insertar tres nuevas diapositivas, eligiendo diferentes diseños (por ejemplo: **Título y contenido, Dos contenidos y Solo título)**.
3. Duplicar la primera diapositiva para conservar el formato y modificar el texto del título.
4. Eliminar una diapositiva que no sea necesaria (usa la tecla [Supr] o clic derecho → **Eliminar diapositiva)**.
5. Reordenar las diapositivas arrastrándolas desde el panel lateral izquierdo hasta conseguir el orden que tenga más sentido para la presentación.
6. Agregar secciones para organizar el contenido (por ejemplo: "Introducción", "Propuesta" y "Cierre").
7. Guardar la presentación con el nombre "Estructura_Presentacion_Nerea. pptx".

- -

7. Diseño y aplicación de temas

👉 **HILO CONDUCTOR**

Llega el momento de dar un acabado profesional a su trabajo. Exploran los diseños predeterminados, aplican temas y variantes y personalizan colores y tipografías hasta conseguir una presentación visualmente atractiva y alineada con la imagen de su empresa. Con estas herramientas, Lisbeth y Manuel logran transformar su proyecto en una presentación clara, estructurada y estéticamente cuidada, lista para impresionar a su audiencia.

- -

PowerPoint 365 permite diseñar presentaciones visualmente coherentes mediante **temas, diseños predeterminados y variantes de color o estilo.**

Estas herramientas facilitan la creación de diapositivas atractivas, profesionales y con una identidad visual uniforme.

7.1. Diseños predeterminados

Cada nueva diapositiva que se inserta en PowerPoint puede adoptar un **diseño predeterminado,** es decir, una estructura visual que define dónde se colocan los títulos, los textos, las imágenes o los gráficos.

Para aplicarlos, se deben seguir los siguientes **pasos:**

- **Paso 1.** Dirígete a la pestaña **Inicio.**
- **Paso 2.** Haz clic en la flecha que aparece junto al botón **Nueva diapositiva.**
  Se desplegará el menú **Diseños predeterminados,** como se muestra en la imagen:

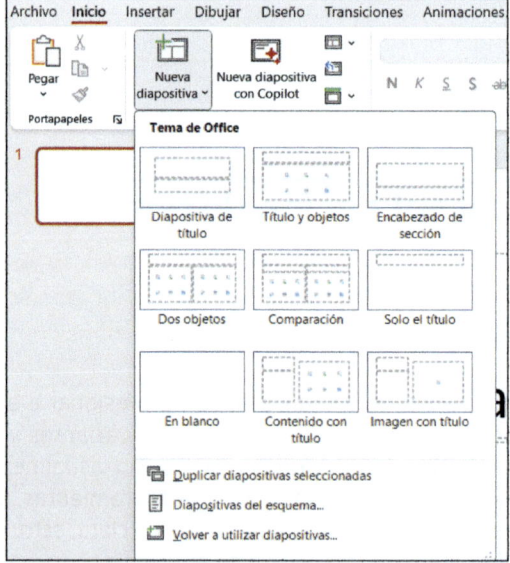

Seleccionar el diseño adecuado ayuda a adaptar cada sección del contenido al propósito comunicativo.

⊃ **Paso 3.** Selecciona el modelo que desees usar, por ejemplo:

- ◐ Diapositiva de título
- ◐ Título y objetos
- ◐ Encabezado de sección
- ◐ Dos objetos
- ◐ Comparación
- ◐ Solo el título
- ◐ En blanco
- ◐ Contenido con título
- ◐ Imagen con título

Estos diseños pueden modificarse en cualquier momento, y PowerPoint ajustará automáticamente los elementos existentes.

 EJEMPLO

En una presentación sobre turismo, puedes usar el diseño **Título y contenido** para mostrar una foto y una descripción, o el diseño **Comparación** para mostrar dos destinos lado a lado.

CONSEJO

Mantener el mismo tipo de diseño en secciones similares (por ejemplo, mantener todas las diapositivas informativas con el mismo formato) ayuda a que la presentación sea más clara y profesional.

7.2. Aplicación de temas y variantes

Un **tema** es un conjunto de colores, fuentes y efectos visuales que se aplican de forma global a toda la presentación.

PowerPoint ofrece una galería de temas en la pestaña **Diseño → Temas,** donde se pueden previsualizar y aplicar con un solo clic:

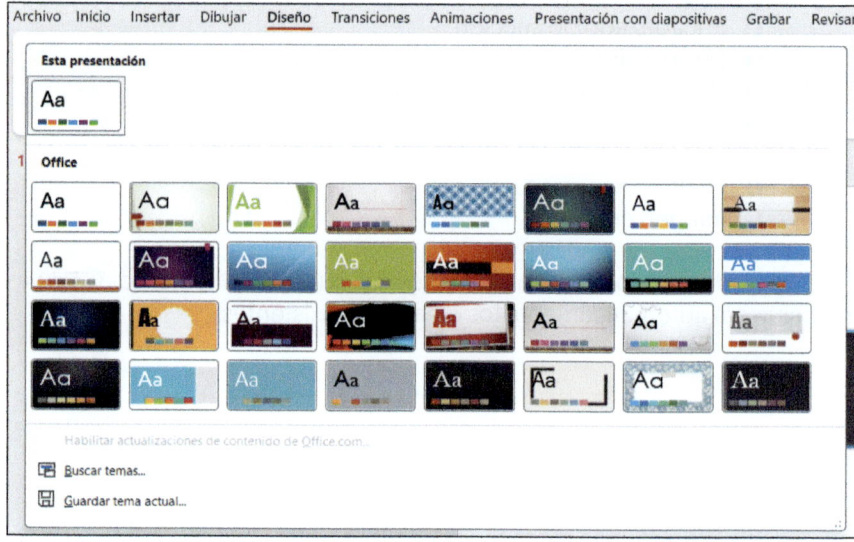

La galería de temas ofrece estilos variados que ayudan a personalizar el diseño de las diapositivas de forma rápida y profesional.

Al aplicar un tema en PowerPoint 365, se unifica el estilo de toda la presentación:

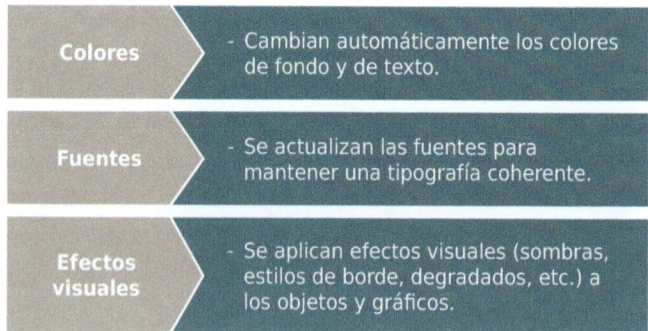

Además, cada tema incluye **variantes,** accesibles desde la opción **Variantes,** que permiten modificar la combinación de colores o el fondo sin cambiar el estilo general.

 **EJEMPLO**

El tema **Ion** puede tener una variante azul para un entorno empresarial o una variante verde para una presentación sobre sostenibilidad:

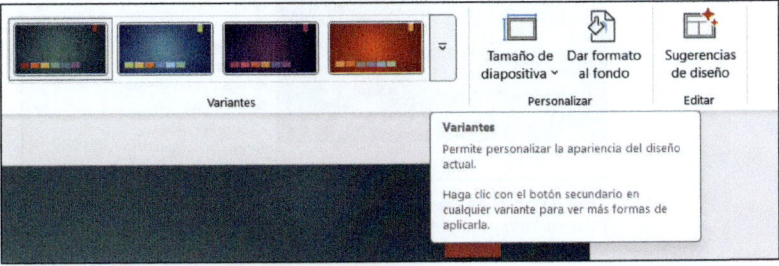

Las variantes permiten ajustar el estilo del tema seleccionado, aportando flexibilidad visual sin perder coherencia en el diseño.

7.3. Personalización de esquemas

Cuando se busca un estilo más personalizado, PowerPoint permite **modificar los esquemas de colores, fuentes y efectos** del tema activo.

Desde la pestaña **Diseño** → **Variantes** → **Colores/Fuentes/Efectos,** se puede ajustar cada componente para adaptarlo a la identidad visual del proyecto:

➲ **Colores.** Define los tonos principales:

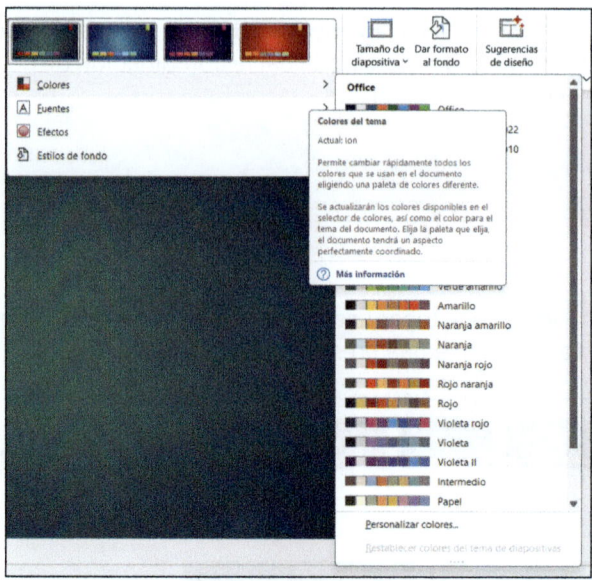

Seleccionar un esquema de colores temático mejora la estética de la presentación y mantiene la consistencia entre diapositivas.

➲ **Fuentes.** Permite elegir diferentes tipografías para títulos y para el cuerpo del texto:

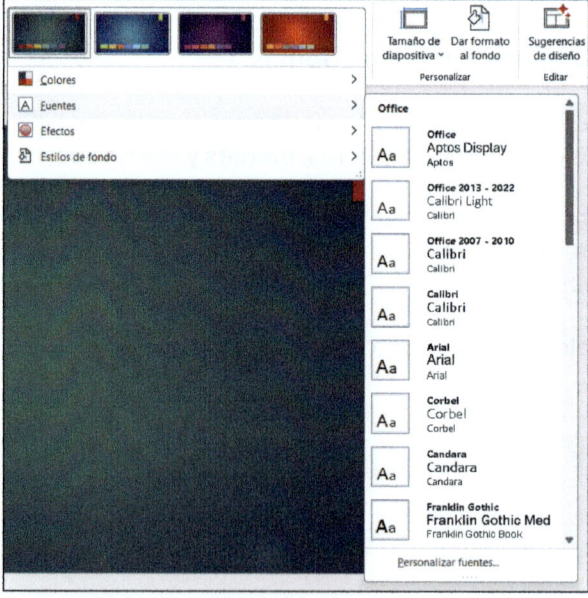

La opción Fuentes del tema permite aplicar combinaciones tipográficas coherentes en toda la presentación, reforzando la identidad visual y la legibilidad del contenido.

● **Efectos.** Cambia la apariencia de las formas, los bordes y las sombras:

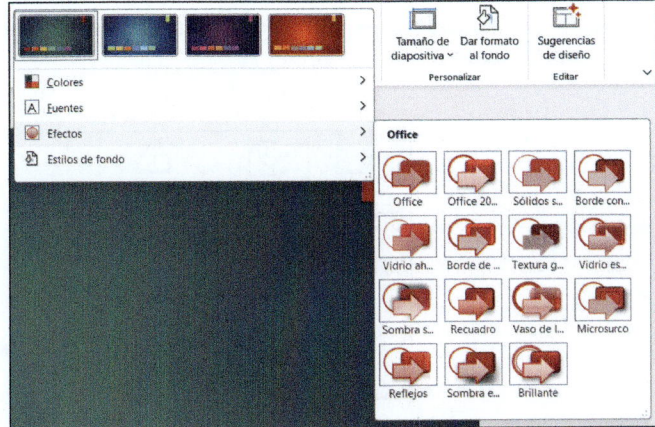

PowerPoint ofrece efectos temáticos que mejoran el diseño visual de las formas, aportando profundidad y dinamismo al contenido.

● **Estilos de fondo.** Ofrece combinaciones de degradados o texturas, según el tema:

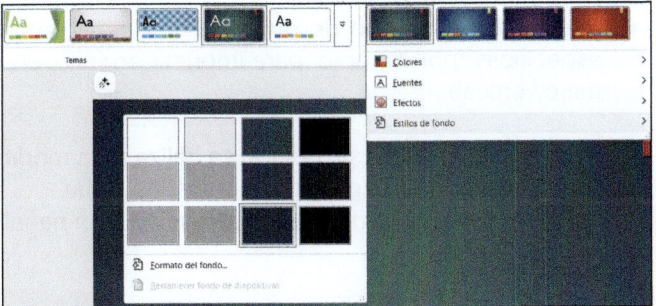

La galería del menú Estilos de fondo facilita la personalización visual mediante combinaciones de color y textura que refuerzan el impacto del contenido.

Además de aplicar temas y variantes, PowerPoint ofrece **herramientas** para **personalizar la apariencia de cada presentación.** Estas opciones se encuentran en la pestaña **Diseño,** dentro de los apartados **Personalizar** y **Editar:**

⊃ **Tamaño de diapositiva.** Permite ajustar las proporciones del lienzo según el formato de pantalla o del soporte donde se proyectará la presentación.

Al hacer clic en **Diseño → Tamaño de diapositiva,** se muestran tres opciones principales:

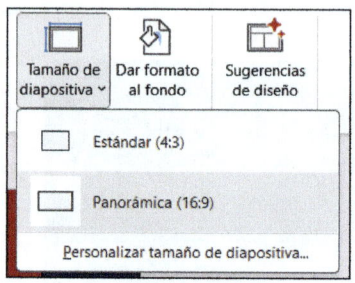

Seleccionar el tamaño adecuado de diapositiva mejora la visualización del contenido y asegura la compatibilidad con diferentes dispositivos.

◑ **Estándar (4:3):** formato más cuadrado, adecuado para pantallas antiguas o proyectores clásicos.

◑ **Panorámica (16:9):** formato más ancho, ideal para pantallas modernas y presentaciones digitales.

◑ **Personalizar tamaño de diapositiva:** permite establecer medidas específicas (por ejemplo, para imprimir en folio, en póster o en formato vertical).

⊃ **Dar formato al fondo.** Esta opción se utiliza para modificar el fondo de las diapositivas y adaptarlo al estilo visual del tema.

Desde **Diseño → Dar formato al fondo,** se abre un panel lateral con diferentes posibilidades:

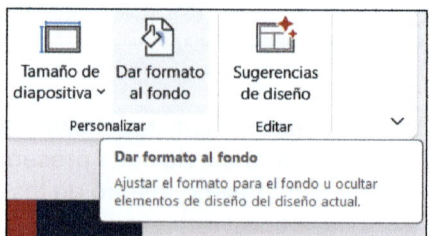

La opción Dar formato al fondo permite personalizar el diseño de las diapositivas, adaptándolo al estilo visual del tema y reforzando la coherencia gráfica de la presentación.

◑ Relleno sólido, degradado o con imagen.

◑ Transparencia o color personalizado.

◑ Aplicar solo a la diapositiva actual o a todas las diapositivas.

➲ **Sugerencias de diseño.** PowerPoint incorpora una opción de asistencia visual llamada **Sugerencias de diseño** (también conocida como *Designer* o integrada en *Copilot*).

Al activarla, el programa analiza el contenido de la diapositiva y propone automáticamente diseños, distribuciones e imágenes de fondo para mejorar la presentación.

Se accede desde **Diseño → Sugerencias de diseño,** y en el panel lateral aparecen distintas propuestas que pueden aplicarse con un solo clic:

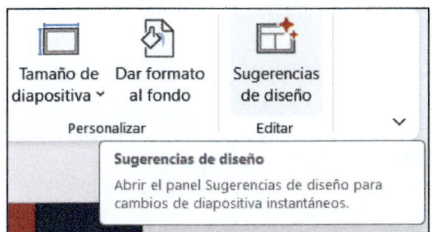

PowerPoint ofrece sugerencias de diseño que ayudan a mejorar el aspecto de las diapositivas con propuestas visuales adaptadas al contenido.

APLICACIÓN PRÁCTICA

Una empresa está preparando una presentación importante para mostrar sus resultados anuales. El equipo quiere que las diapositivas transmitan una imagen profesional y coherente, pero sin tener que diseñar cada una desde cero. Para ello, deciden aplicar un tema global en PowerPoint y personalizar los colores y fuentes según la identidad visual de la compañía. ¿Cuál de las siguientes acciones representa una buena práctica al trabajar con temas y diseños en PowerPoint?

• Aplicar un tema global desde la pestaña Diseño → Temas y personalizar colores y fuentes desde Variantes, para mantener coherencia visual en todas las diapositivas.

• Cambiar manualmente el color y la fuente de cada diapositiva para lograr un estilo único y diferente.

Continúa en página siguiente >>

<< Viene de página anterior

- **Insertar fondos e imágenes aleatorios en cada diapositiva sin usar plantillas ni temas.**
- **Usar un diseño distinto en cada sección sin seguir ningún esquema predefinido.**

Solución

Aplicar un tema global garantiza uniformidad en colores, fuentes y efectos, lo que da a la presentación un aspecto más profesional. Las demás opciones suponen una pérdida de coherencia visual y aumentan el tiempo de trabajo, ya que cada diapositiva se edita por separado sin seguir un esquema común.

---

8. Resumen

PowerPoint 365 permite crear presentaciones digitales formadas por diapositivas con texto, imágenes, gráficos, audio o vídeo. Su interfaz se organiza mediante la cinta de opciones, las pestañas superiores (**Inicio, Insertar, Diseño, Transiciones, Animaciones, Presentación, Revisar** y **Vista**) y distintos paneles: el lateral (para ver y ordenar diapositivas), el central (zona de edición) y el inferior (para notas del ponente).

El programa ofrece varias vistas de trabajo adaptadas a cada fase del proceso:

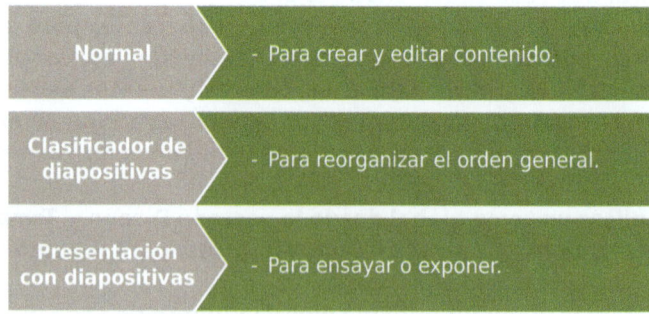

Normal	- Para crear y editar contenido.
Clasificador de diapositivas	- Para reorganizar el orden general.
Presentación con diapositivas	- Para ensayar o exponer.

Otras vistas, como **Esquema, Página de notas, Lectura** o **Patrón** sirven para revisar o dar formato general.

En la gestión de presentaciones, se pueden crear, abrir, guardar y compartir archivos, tanto en el equipo como en *OneDrive*. Desde **Archivo → Información,** se accede a opciones como **Proteger presentación, Inspeccionar contenido, Ver versiones anteriores** o **Administrar presentaciones guardadas.** También es posible cambiar el nombre, mover el archivo, copiar su ruta o abrir su ubicación.

El manejo de diapositivas incluye:

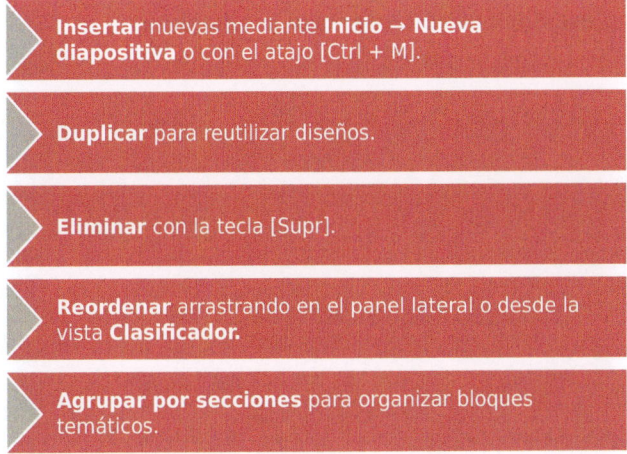

Insertar nuevas mediante **Inicio → Nueva diapositiva** o con el atajo [Ctrl + M].

Duplicar para reutilizar diseños.

Eliminar con la tecla [Supr].

Reordenar arrastrando en el panel lateral o desde la vista **Clasificador.**

Agrupar por secciones para organizar bloques temáticos.

En la inserción de objetos, se pueden añadir cuadros de texto, formas, iconos, *SmartArt* y gráficos desde la pestaña **Insertar.** Los cuadros de texto sirven para destacar ideas, y las formas o iconos ayudan a reforzar la comunicación visual. Todos los elementos pueden moverse, redimensionarse o modificarse en color, contorno y efectos.

El diseño de la presentación se controla desde la pestaña **Diseño,** donde se aplican diseños predeterminados, temas y variantes que definen la distribución, colores y fuentes.

Además, pueden personalizarse los esquemas de color, tipografías y efectos visuales desde **Diseño → Variantes.**

Las opciones complementarias incluyen:

Tamaño de diapositiva (estándar 4:3, panorámica 16:9 o personalizada)	Dar formato al fondo (colores, degradados o imágenes)	Sugerencias de diseño *(Designer* o *Copilot)*, que generan automáticamente propuestas visuales según el contenido

PowerPoint 365 combina un entorno visual organizado, herramientas flexibles para crear y editar contenido, y opciones de diseño que permiten elaborar presentaciones profesionales y coherentes.

Ejercicios de autoevaluación
Unidad de Aprendizaje 1

1. **¿Qué elemento agrupa las herramientas por pestañas (Inicio, Insertar, Diseño, etc.) en PowerPoint 365?**

   a. Barra de estado
   b. Panel de notas
   c. Cinta de opciones
   d. Barra de acceso rápido

2. **¿Qué panel permite reordenar diapositivas arrastrando y soltando sus miniaturas?**

   a. Panel de notas
   b. Panel de diapositivas (lateral izquierdo)
   c. Área de trabajo central
   d. Panel de selección

3. **¿Qué vista está pensada para organizar globalmente el orden de todas las diapositivas?**

   a. Vista de lectura
   b. Presentación con diapositivas
   c. Normal
   d. Clasificador de diapositivas

4. **Indica si las siguientes oraciones son verdaderas o falsas:**

   a. "La cinta de opciones organiza los comandos por pestañas y grupos (por ejemplo, Fuente o Párrafo)".

   ■ Verdadero
   ■ Falso

   b. "El panel de notas muestra información para la audiencia durante la proyección".

   ■ Verdadero
   ■ Falso

c. "El área de trabajo central es donde se edita el contenido de la diapositiva seleccionada".

- ■ Verdadero
- ■ Falso

5. ¿Cuál es la vía correcta para crear una presentación a partir de una plantilla?

a. Archivo → Nuevo → Plantilla o tema
b. Insertar → Nueva diapositiva
c. Diseño → Variantes
d. Vista → Página de notas

6. ¿Qué atajo inserta rápidamente una nueva diapositiva?

a. Ctrl + D
b. Ctrl + N
c. Ctrl + M
d. Ctrl + Shift + M

7. ¿Qué opción del menú Archivo → Información permite revisar y eliminar información oculta del documento?

a. Compartir
b. Inspeccionar presentación
c. Historial de versiones
d. Administrar presentación

8. Indica si las siguientes oraciones son verdaderas o falsas:

a. "La vista Normal es la más adecuada para editar el contenido de cada diapositiva".

- ■ Verdadero
- ■ Falso

b. "La vista Clasificador de diapositivas sirve para organizar el orden general de la presentación".

- ■ Verdadero
- ■ Falso

c. "La Presentación con diapositivas es la vista pensada para exponer/ensayar a pantalla completa".

- ■ Verdadero
- ■ Falso

9. ¿Qué combinación describe mejor un tema en PowerPoint?

a. Solo un conjunto de fondos
b. Solo una galería de diseños
c. Conjunto global de colores, fuentes y efectos aplicados a toda la presentación
d. Una colección de animaciones predeterminadas

10. Indica si las siguientes oraciones son verdaderas o falsas:

a. "Duplicar una diapositiva ayuda a mantener formato y estructura sin recrearla desde cero".

- ■ Verdadero
- ■ Falso

b. "Los cuadros de texto solo pueden insertarse en los marcadores del diseño y no libremente".

- ■ Verdadero
- ■ Falso

c. "Aplicar un tema y después ajustar las variantes (colores/fuentes) ayuda a mantener coherencia visual".

- ■ Verdadero
- ■ Falso

Elementos avanzados y presentación final

Contenido

1. Introducción
2. Trabajo con textos y notas del orador
3. Imágenes, tablas, gráficos y diagramas
4. Integración de elementos multimedia
5. Animaciones y transiciones
6. Difusión de presentaciones
7. Resumen

Objetivos

Los objetivos generales de esta Unidad de Aprendizaje son:

→ Trabajar con textos.

→ Utilizar las notas del orador.

→ Trabajar con imágenes, tablas, gráficos y diagramas.

→ Incluir elementos multimedia, audio, vídeo, etc.

→ Crear animaciones y transiciones en una presentación.

→ Grabar una presentación, publicarla y exportarla.

Los objetivos específicos de esta Unidad de Aprendizaje son:

→ Redactar textos en diapositivas, incluyendo notas para el orador.

→ Formatear textos en diapositivas.

→ Integrar imágenes, tablas, gráficos y diagramas en una presentación.

→ Integrar elementos multimedia (audio y vídeo) en la presentación.

→ Aplicar animaciones y transiciones de manera profesional.

→ Configurar elementos multimedia en una presentación.

→ Difundir presentaciones en distintos formatos y medios.

→ Insertar y configurar elementos multimedia (audio y vídeo) en una presentación de PowerPoint 365.

1. Introducción

En el ámbito académico y profesional, una presentación no solo debe transmitir información, sino que debe hacerlo de manera dinámica, atractiva y con impacto visual. *Microsoft* PowerPoint 365 ofrece herramientas avanzadas que permiten enriquecer las diapositivas con textos bien estructurados, imágenes, gráficos, tablas y elementos multimedia, aportando claridad y reforzando el mensaje.

En esta unidad aprenderemos a usar textos, recursos visuales y multimedia, a aplicar animaciones y transiciones equilibradas, y a grabar o compartir la presentación final. Para ello, seguiremos a Lisbeth y Manuel, quienes deben dar el paso final en su proyecto de presentación. Tras estructurar sus primeras diapositivas, ahora buscan perfeccionarlas con recursos avanzados que les permitan transmitir sus ideas de manera clara y profesional. Su reto será integrar imágenes, gráficos y vídeos, aplicar animaciones con criterio y preparar la difusión de su exposición para presentarla con éxito ante su equipo de trabajo.

2. Trabajo con textos y notas del orador

☞ HILO CONDUCTOR

A medida que su proyecto avanza, Lisbeth y Manuel se dan cuenta de que no basta con colocar ideas en las diapositivas: necesitan redactar textos claros y bien estructurados. Aprenden a dar formato al contenido para resaltar lo más importante y a incluir notas del orador que les servirán como guion durante la exposición. Estas notas se convierten en una herramienta clave para hablar con seguridad sin recargar la presentación de información.

El **contenido textual** es el eje principal de cualquier presentación, ya que permite transmitir ideas, explicar conceptos y acompañar los recursos visuales. En PowerPoint 365, las herramientas de texto facilitan la redacción clara y la aplicación de formatos que mejoran la legibilidad y la coherencia estética.

Además, la incorporación de **notas del orador** brinda apoyo a quien presenta, permitiendo incluir aclaraciones, cifras o comentarios que no se muestran al público, pero que sirven como guía durante la exposición.

Dominar ambas funciones —la gestión del texto visible y el uso de notas privadas— contribuye a crear presentaciones más organizadas, dinámicas y profesionales.

2.1. Redacción y formato de textos

PowerPoint 365 permite escribir, editar y dar formato al texto de forma rápida y flexible, tanto dentro de los cuadros predefinidos como en **cuadros de texto personalizados.**

Para la redacción de textos, haz clic dentro de un cuadro de texto del diseño elegido o inserta uno nuevo desde la pestaña **Insertar → Cuadro de texto:**

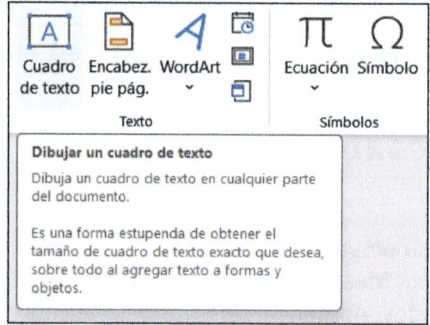

El grupo Texto de la pestaña Insertar permite agregar elementos como cuadros de texto, encabezados y símbolos, útiles para estructurar y enriquecer documentos.

A continuación, escribe el contenido que deseas mostrar (títulos, subtítulos, listas, frases clave, etc.).

NOTA

Usa frases breves y palabras clave para mantener la claridad visual.

- -

Una vez redactado, se puede dar formato desde la pestaña **Inicio,** en el grupo **Fuente y Párrafo:**

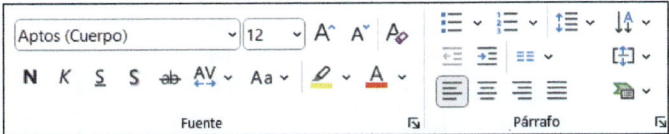

El grupo Fuente y Párrafo de PowerPoint permite personalizar el estilo del texto, desde el tipo y el color de letra hasta la alineación y el interlineado.

Entre las **opciones** más utilizadas se encuentran:

- **Tipo y tamaño de letra.** Cambia el estilo (por ejemplo, Calibri o Arial) y el tamaño para jerarquizar títulos y textos.
- **Negrita, cursiva y subrayado.** Para resaltar información importante.
- **Color del texto.** Selecciona un color que contraste con el fondo.
- **Alineación.** Ajusta el texto a la izquierda, al centro o a la derecha, según el diseño de la diapositiva.
- **Interlineado y espaciado.** Mejora la legibilidad ajustando el espacio entre líneas o párrafos.
- **Listas numeradas o con viñetas.** Ayudan a organizar la información de manera visual.
- *WordArt.* Disponible en **Insertar → WordArt,** permite aplicar estilos artísticos al texto, con efectos de sombra, inclinación o contorno.

CONSEJO

Utiliza un máximo de dos tipografías diferentes por presentación (una para títulos y otra para el cuerpo del texto) para mantener coherencia visual.

- -

2.2. Inserción de notas del orador

Las **notas del orador** son comentarios o recordatorios que acompañan cada diapositiva, pero **no son visibles para el público.** Su finalidad es ayudar a la persona ponente durante la exposición, ya que funcionan como un guion o apoyo.

Para añadir notas, se deben seguir los siguientes **pasos:**

➲ **Paso 1.** Activa el **Panel de notas** desde la pestaña **Vista → Notas:**

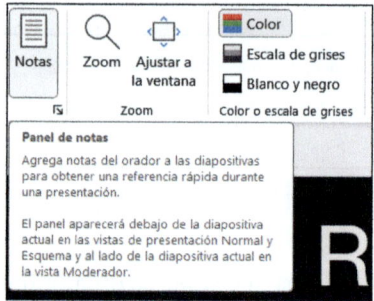

El Panel de notas permite añadir comentarios del orador, que sirven como guía durante la presentación y no se muestran al público.

➲ **Paso 2.** En la parte inferior de la ventana aparecerá el cuadro **Haga clic para agregar notas:**

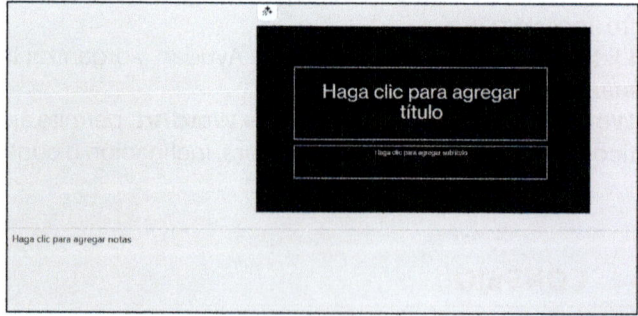

El área Haga clic para agregar notas permite al orador incluir recordatorios o guiones que no se muestran al público durante la presentación.

⬱ **Paso 3.** Escribe allí los recordatorios, explicaciones o datos que desees tener disponibles durante la exposición.

Estas notas pueden visualizarse en varias **vistas:**

⬱ Vista **Normal.** Aparecen bajo la diapositiva activa.

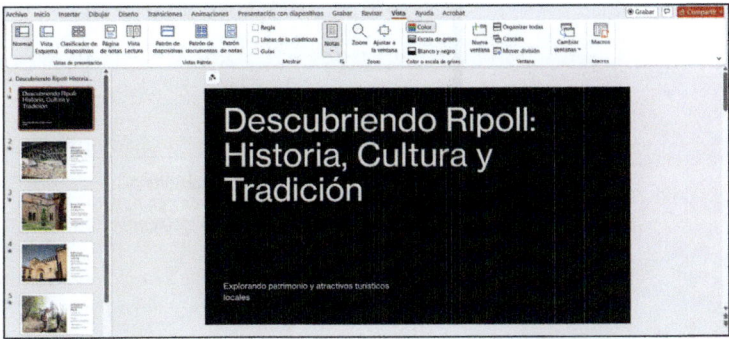

La vista Normal de PowerPoint permite editar el contenido de cada diapositiva, añadiendo texto, imágenes y notas del orador, mientras se visualiza el panel de miniaturas y el área principal de trabajo.

⬱ Vista **Página de notas.** Muestra la diapositiva en la parte superior y las notas en la inferior, lista para impresión:

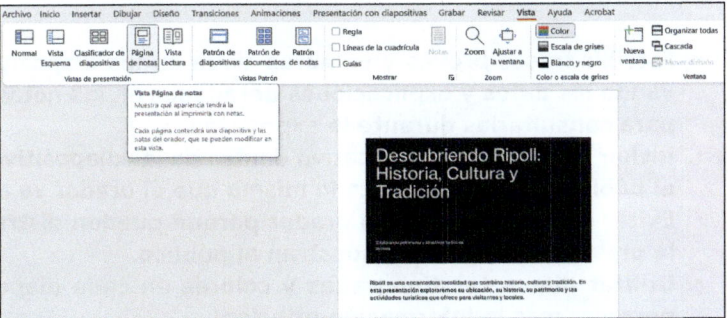

La vista Página de notas permite imprimir cada diapositiva acompañada de sus notas, facilitando el uso de guiones durante la exposición.

⬱ Vista **Moderador.** En PowerPoint 365, esta vista solo se activa cuando estás en el modo Presentación —es decir, mientras proyectas la presentación—, no desde la interfaz de edición.

El orador ve las notas en su pantalla mientras el público solo ve las diapositivas. Debe activarse en la sección **Presentación con diapositivas:**

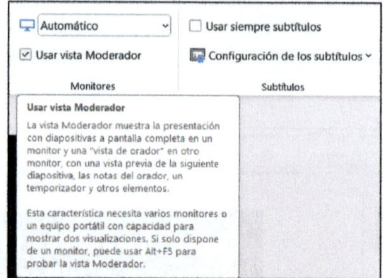

La opción Usar vista Moderador permite al presentador controlar la exposición con notas, temporizador y vista previa de la siguiente diapositiva.

 **APLICACIÓN PRÁCTICA**

En PowerPoint 365, los textos visibles y las notas del orador cumplen funciones diferentes pero complementarias. ¿Cuál de las siguientes opciones representa una práctica correcta al trabajar con ambos elementos?

- **Escribir frases breves y palabras clave en las diapositivas, reservando los datos y explicaciones detalladas en las notas del orador para consultarlas durante la exposición.**
- **Incluir todo el texto explicativo dentro de las diapositivas para que el público lea exactamente lo mismo que el orador va a decir.**
- **Evitar el uso de notas del orador porque pueden distraer durante la presentación y no se muestran al público.**
- **Utilizar diferentes tipografías y colores en cada diapositiva para destacar más la información principal.**

Solución

La combinación adecuada consiste en mantener la diapositiva limpia y visual, mostrando solo los puntos clave, y usar las notas del orador como guion personal. Esto permite hablar con naturalidad, mantener contacto visual con la audiencia y evitar que las diapositivas se conviertan en bloques de texto.

Continúa en página siguiente >>

<< Viene de página anterior

Las demás opciones restan claridad, profesionalidad o dificultan la atención del público durante la presentación.

---

3. Imágenes, tablas, gráficos y diagramas

 **HILO CONDUCTOR**

Con los textos definidos, deciden reforzar su mensaje con recursos visuales. Lisbeth inserta imágenes que ilustran ejemplos del proyecto, mientras Manuel organiza los datos en tablas claras y gráficos fáciles de interpretar. También descubren *SmartArt,* que les permite representar procesos y relaciones de manera atractiva. Gracias a estos elementos, la presentación gana en claridad y dinamismo, captando mejor la atención de su audiencia.

Las presentaciones resultan más atractivas y comprensibles cuando combinan texto con elementos visuales. En PowerPoint 365, las imágenes, tablas, gráficos y diagramas ayudan a **reforzar las ideas**, **resumir datos** y **mantener la atención** del público.

 **NOTA**

Estas herramientas permiten representar información compleja de manera visual, haciendo que el mensaje sea más fácil de recordar.

3.1. Inserción y edición de imágenes

Las imágenes son un recurso esencial para ilustrar conceptos, mostrar ejemplos o despertar interés. En PowerPoint 365 se pueden insertar imágenes desde distintas fuentes.

Para **insertar una imagen** se deben seguir los siguientes **pasos:**

➲ **Paso 1.** Dirígete a la pestaña **Insertar → Imágenes.**
➲ **Paso 2.** Elige la fuente:

El menú Insertar imagen desde permite elegir entre archivos locales, imágenes de archivo o recursos en línea para enriquecer la presentación.

◔ **Este dispositivo:** para insertar una imagen guardada en tu ordenador.
◔ **Imágenes de archivo:** para acceder a la galería integrada de *Microsoft.*

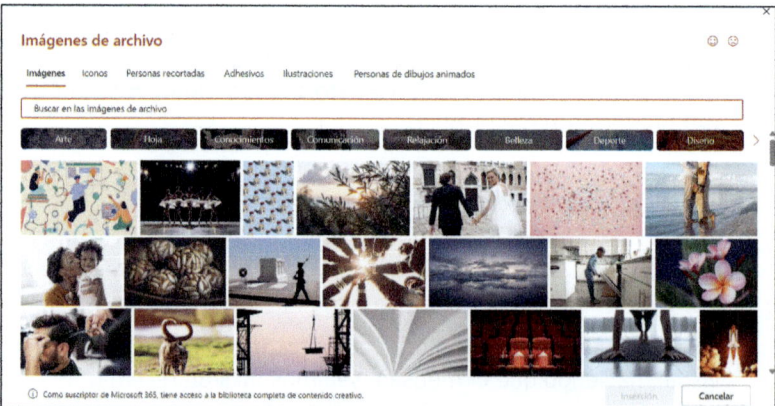

La ventana Imágenes de archivo ofrece recursos visuales libres de derechos, organizados por categorías, como Arte, Comunicación o Deporte.

Imágenes en línea: para buscar en internet a través de *Bing* o *OneDrive*.

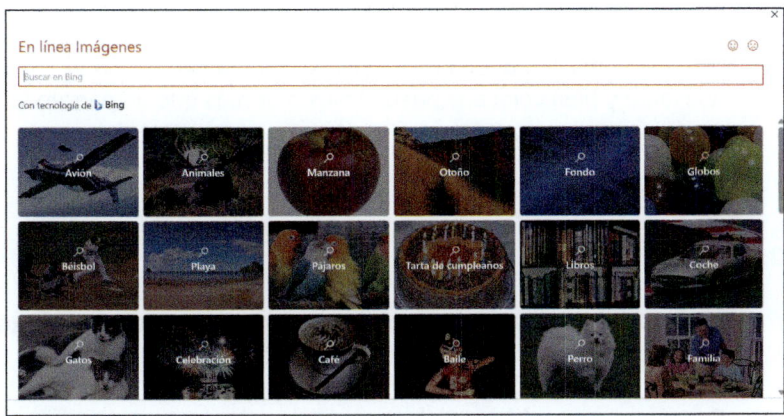

La ventana Imágenes en línea permite buscar y seleccionar recursos visuales desde internet mediante tecnología Bing, organizados por temas sugeridos.

Una vez insertada, la imagen puede ajustarse fácilmente.

En la pestaña **Formato de imagen,** se encuentran las principales **opciones de edición:**

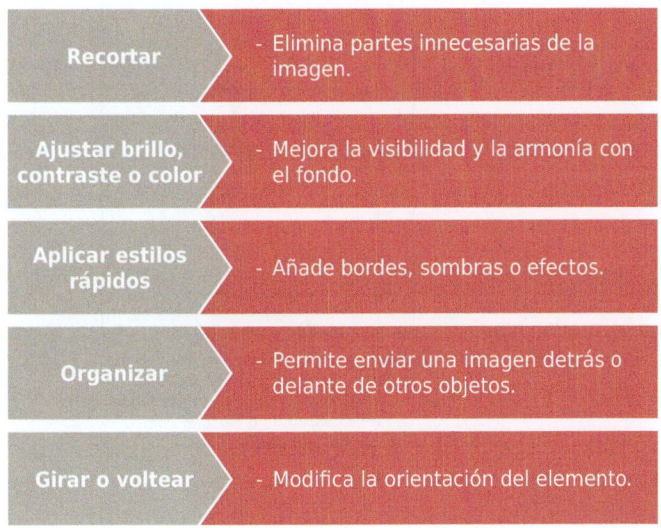

Recortar	- Elimina partes innecesarias de la imagen.
Ajustar brillo, contraste o color	- Mejora la visibilidad y la armonía con el fondo.
Aplicar estilos rápidos	- Añade bordes, sombras o efectos.
Organizar	- Permite enviar una imagen detrás o delante de otros objetos.
Girar o voltear	- Modifica la orientación del elemento.

CONSEJO

Usa imágenes con buena resolución y evita la saturación visual. Una imagen relevante y bien colocada puede transmitir más que un párrafo largo.

3.2. Creación de tablas

Las tablas son útiles para **organizar información numérica o textual** en filas y columnas, facilitando la comparación entre datos.

Para **crear una tabla** se deben seguir los siguientes **pasos:**

⮑ **Paso 1.** Selecciona la pestaña **Insertar → Tabla:**

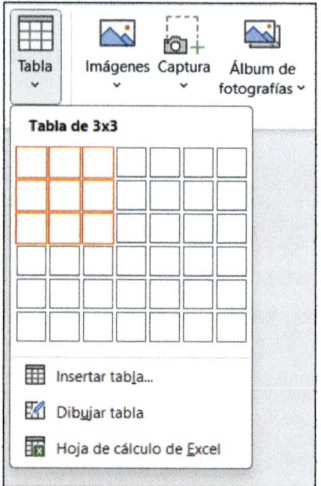

El menú Tabla permite insertar rápidamente una cuadrícula personalizada, o elegir entre opciones como Dibujar tabla o vincular con Hoja de cálculo de Excel.

⮥ **Paso 2.** Elige el número de filas y columnas arrastrando con el puntero o seleccionando **Insertar tabla:**

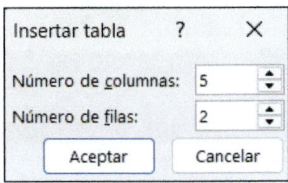

Insertar tabla permite definir manualmente el número de columnas y filas antes de crear la tabla en la diapositiva.

⮥ **Paso 3.** Escribe los datos directamente dentro de las celdas:

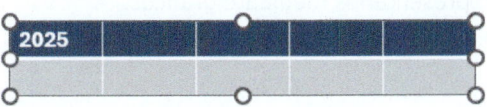

La tabla insertada muestra el formato aplicado con colores diferenciados para destacar la cabecera y facilitar la lectura de los datos.

Una vez creada, PowerPoint activa automáticamente la pestaña **Diseño de tabla:**

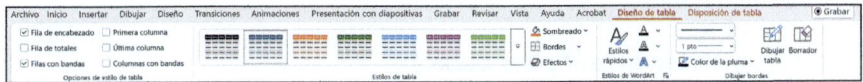

La pestaña Diseño de tabla permite aplicar estilos, bordes y colores para personalizar tablas en PowerPoint.

Desde esta pestaña se puede **personalizar su apariencia:**

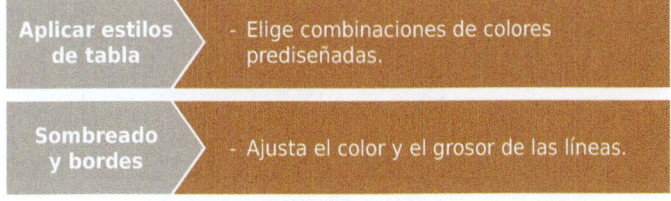

Aplicar estilos de tabla - Elige combinaciones de colores prediseñadas.

Sombreado y bordes - Ajusta el color y el grosor de las líneas.

Continúa en página siguiente >>

<< Viene de página anterior

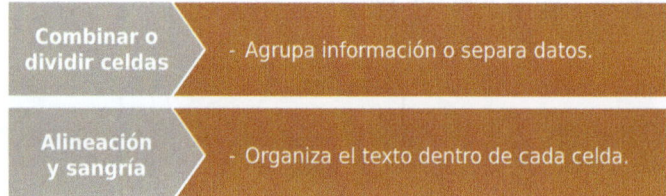

CONSEJO

Utiliza tablas solo cuando sea necesario. Si los datos son extensos o complejos, conviene representarlos mediante gráficos.

3.3. Uso de gráficos y SmartArt

Los **gráficos** y **diagramas *SmartArt*** son herramientas visuales que ayudan a interpretar información de forma más clara y profesional.

Los gráficos se emplean para mostrar datos numéricos o porcentuales de manera visual.

Para **insertar un gráfico** se debe:

⟳ **Paso 1.** Dirígete a **Insertar → Gráfico:**

Gráfico permite insertar representaciones visuales de datos, como barras, áreas o líneas para destacar patrones y tendencias.

➲ **Paso 2.** Selecciona el tipo. Los más usados son:

◑ **Columnas o barras:** comparan cantidades.

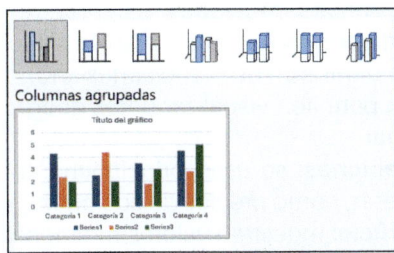

El gráfico de columnas agrupadas permite comparar múltiples categorías de datos mediante barras verticales diferenciadas por color.

◑ **Líneas:** muestran una evolución en el tiempo.

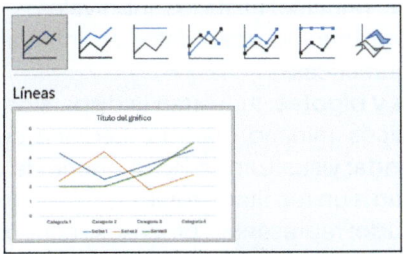

El gráfico de líneas permite visualizar la evolución de los datos a lo largo del tiempo, destacando tendencias mediante trazos diferenciados.

◑ **Circular (tarta):** representa proporciones o porcentajes.

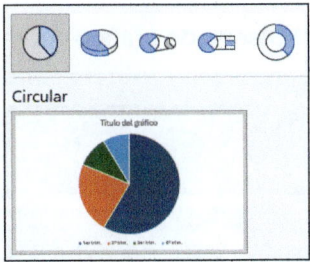

El gráfico circular representa visualmente la proporción que cada categoría ocupa dentro del conjunto total, facilitando la comparación porcentual.

También existen otros **tipos:**

◊ **Barras:** muestran comparaciones horizontales entre categorías.
◊ **Áreas:** destacan la evolución de los valores a lo largo del tiempo mediante zonas sombreadas.
◊ **X Y (dispersión):** representan la relación entre dos variables mediante puntos en un plano cartesiano.
◊ **Mapa:** permiten visualizar datos geográficos en un mapa mundial o regional.
◊ **Cotizaciones:** se usan principalmente para mostrar variaciones financieras, como precios de acciones.
◊ **Superficie:** muestran valores tridimensionales, útiles para comparar varios conjuntos de datos.
◊ **Radial:** representan información circularmente. Son similares a un gráfico de radar o telaraña.
◊ **Rectángulos** *(treemap):* organizan los datos jerárquicamente mediante áreas proporcionales.
◊ **Proyección solar** *(sunburst):* muestran jerarquías circulares, desde el nivel principal hasta los subniveles.
◊ **Histograma:** agrupan datos en intervalos, ideales para distribuciones numéricas.
◊ **Cajas y bigotes:** muestran la dispersión de un conjunto de datos estadísticos (mínimo, máximo, mediana, cuartiles).
◊ **Cascada:** visualizan cómo una serie de valores positivos y negativos afectan a un resultado total.
◊ **Embudo:** representan procesos secuenciales o etapas de reducción (por ejemplo, un embudo de ventas).
◊ **Combinado:** mezclan dos tipos de gráficos (por ejemplo, columnas y líneas) para comparar distintas variables.

⊃ **Paso 3.** Se abrirá una pequeña hoja de datos similar a Excel, donde puedes introducir o modificar las cifras.

Desde la pestaña **Diseño de gráfico** podrás:

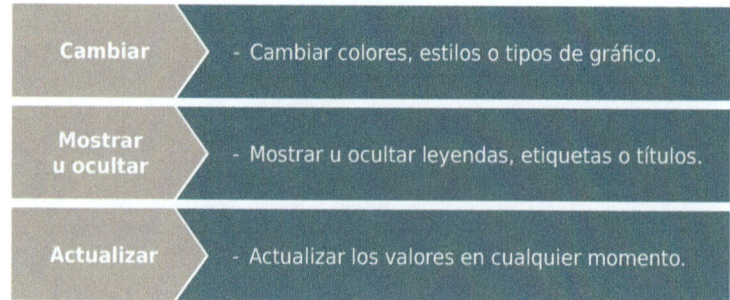

Cambiar	- Cambiar colores, estilos o tipos de gráfico.
Mostrar u ocultar	- Mostrar u ocultar leyendas, etiquetas o títulos.
Actualizar	- Actualizar los valores en cualquier momento.

◁◎▷ EJEMPLO

En una presentación sobre turismo, un gráfico circular puede mostrar el porcentaje de visitantes por país de origen, mientras que un gráfico de barras puede reflejar la evolución de visitantes por año.

Los diagramas *SmartArt* permiten convertir texto en **esquemas visuales que representan procesos, jerarquías o relaciones.**

Para **insertar un *SmartArt*** se deben seguir los siguientes **pasos:**

➲ **Paso 1.** Ve a **Insertar → *SmartArt.***

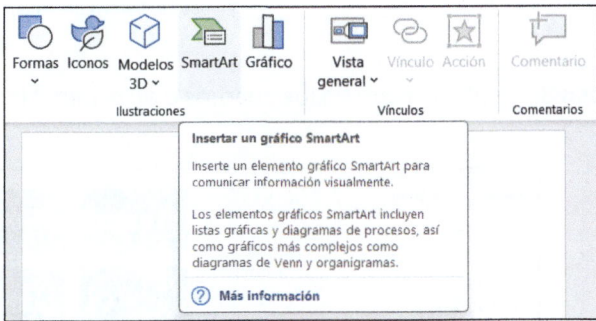

SmartArt permite insertar gráficos visuales que representan procesos, jerarquías o relaciones de forma estructurada y estética.

➲ **Paso 2.** Elige una categoría, como:

◗ **Todos:** muestra la galería completa de diseños *SmartArt* disponibles.
◗ **Listas:** sirven para organizar elementos o conceptos en formato de enumeración o viñetas visuales.
◗ **Procesos:** representan pasos secuenciales o etapas de un procedimiento (por ejemplo, un flujo de trabajo).
◗ **Ciclos:** muestran procesos repetitivos o circulares, ideales para describir fases continuas o recurrentes.
◗ **Jerarquía:** representan estructuras organizativas, como organigramas o niveles de mando.
◗ **Relación:** ilustran conexiones o interdependencias entre distintos elementos.

◑ **Matriz:** muestran la relación entre componentes en una cuadrícula o tabla visual.

◑ **Pirámide:** destacan la proporción o importancia de los elementos dentro de una jerarquía ascendente o descendente.

◑ **Imagen:** combinan texto y fotografías para reforzar visualmente los conceptos o ideas principales.

El panel de SmartArt organiza los gráficos en categorías como listas, procesos, jerarquías o ciclos, facilitando la selección según el tipo de información que se desea representar.

➔ **Paso 3.** Escribe el texto en los cuadros o en el panel lateral.

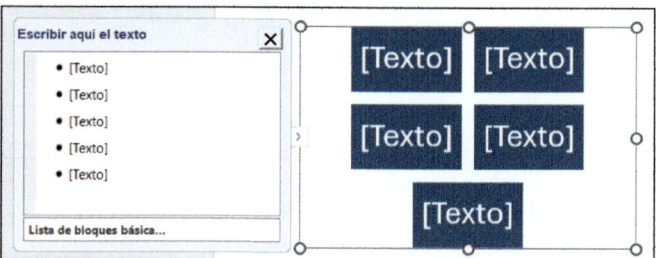

El gráfico SmartArt tipo Lista de bloques básica permite organizar información en bloques visuales editables, facilitando su estructuración y lectura.

La pestaña **Diseño de *SmartArt*** aparece automáticamente al seleccionar un gráfico *SmartArt* en PowerPoint 365:

La pestaña Diseño de SmartArt ofrece herramientas para modificar la estructura, el estilo y los colores de los gráficos.

Desde ahí se puede **editar, personalizar y dar formato** a los diagramas para adaptarlos a las necesidades de la presentación. Sus principales **secciones** son:

⊃ **Crear gráfico.** Incluye opciones como **Agregar forma, Agregar viñeta** o **Panel de texto,** que permiten añadir nuevos elementos, modificar el orden jerárquico (subir o bajar niveles) y gestionar el contenido textual del gráfico.

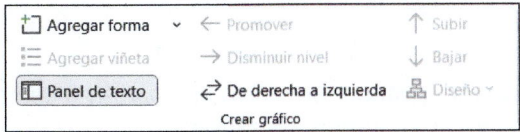

Crear gráfico permite añadir formas, reorganizar niveles jerárquicos y gestionar el contenido textual para construir estructuras visuales claras y personalizadas.

⊃ **Diseños.** Ofrece distintos esquemas de disposición para transformar rápidamente el estilo visual del *SmartArt* sin perder la información.

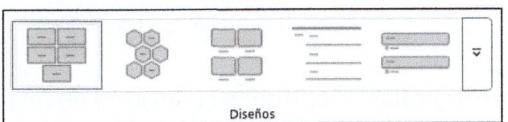

Diseños permite transformar la disposición visual de los gráficos SmartArt sin alterar el contenido.

⊃ **Cambiar colores.** Permite aplicar combinaciones de color predefinidas que mantienen la coherencia con el tema de la presentación.

El botón Cambiar colores permite aplicar combinaciones cromáticas predefinidas que armonizan con el tema de la presentación y personalizan el estilo del gráfico SmartArt.

[75]

◗ **Estilos *SmartArt*.** Contiene diferentes acabados visuales (planos, sombreados, tridimensionales, etc.) que mejoran el aspecto gráfico y la legibilidad.

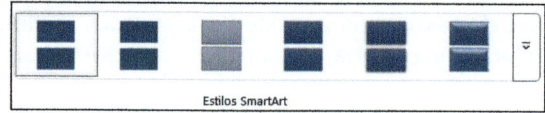

Estilos SmartArt

Estilos SmartArt ofrece acabados visuales como efectos planos, sombreados o tridimensionales.

◗ **Restablecer gráfico.** Devuelve el *SmartArt* a su configuración original, eliminando los cambios aplicados.

Restablecer gráfico

La opción Restablecer gráfico permite devolver el diseño SmartArt a su formato original, eliminando los cambios visuales aplicados y recuperando su estructura base.

◗ **Convertir gráfico.** Transforma el *SmartArt* en una serie de formas individuales para editarlas de manera independiente.

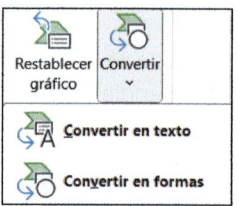

Restablecer gráfico | Convertir ˅

Convertir en texto

Convertir en formas

El menú Convertir gráfico permite transformar un SmartArt en texto o en formas individuales, facilitando su edición personalizada dentro de la diapositiva.

 **EJEMPLO**

Para una diapositiva sobre la estructura de una empresa, se puede usar un *SmartArt* de tipo Jerarquía, que muestre las relaciones entre departamentos.

 CONSEJO

Utilizar el diseño y los colores de *SmartArt* en armonía con el tema general de la presentación ayuda a mantener una estética profesional y coherente.

 TAREA 3

Lisbeth y Manuel están preparando la exposición final de su proyecto. Han creado varias diapositivas con mucho texto, pero el resultado no les convence: la lectura resulta pesada y la presentación carece de ritmo.

Tu tarea consistirá en ayudarles a mejorar el diseño aplicando las herramientas de formato y notas del orador:

1. Abre una nueva presentación en PowerPoint 365.
2. Inserta tres diapositivas y redacta frases breves, títulos claros y listas con viñetas.
3. Usa la pestaña **Inicio → Fuente y Párrafo** para aplicar formato: tipo y tamaño de letra, color, alineación e interlineado.
4. Activa el **Panel de notas** desde la pestaña **Vista** y escribe en cada diapositiva un breve guion con los puntos que el presentador debería mencionar durante la exposición.
5. Prueba la vista **Moderador** y observa cómo las notas ayudan al orador sin mostrarse al público.

4. Integración de elementos multimedia

☞ HILO CONDUCTOR

Para dar un paso más, incorporan elementos multimedia. Añaden un breve audio explicativo que introduce el proyecto y un vídeo de apoyo que muestra los resultados de sus pruebas iniciales. Además, configuran estos elementos para que se reproduzcan en el momento adecuado durante la exposición. Con ello, logran una presentación más inmersiva que combina lo visual, lo textual y lo sonoro.

- -

El uso de **audio y vídeo** en las presentaciones aporta dinamismo, refuerza el mensaje y capta mejor la atención del público.

PowerPoint 365 permite integrar distintos tipos de archivos multimedia, ya sean grabaciones propias, recursos descargados o elementos en línea, con controles para personalizar su reproducción y comportamiento durante la exposición.

4.1. Inserción de audio

Los archivos de audio permiten añadir música de fondo, efectos sonoros o narraciones explicativas a las diapositivas. PowerPoint ofrece varias formas de incorporarlos.

Para **insertar un audio** se deben seguir los siguientes **pasos:**

- ⮑ **Paso 1.** Abre la diapositiva donde deseas incluirlo.
- ⮑ **Paso 2.** Dirígete a la pestaña **Insertar → Audio.**
- ⮑ **Paso 3.** Elige una opción:

    - ◑ **Audio en mi PC:** para insertar un archivo guardado localmente (por ejemplo, .mp3 o .wav).
    - ◑ **Grabar audio:** para registrar tu propia narración con micrófono directamente desde PowerPoint.

El menú Audio permite insertar archivos de sonido desde el equipo o grabar directamente una narración para enriquecer la presentación con contenido auditivo.

Una vez insertado, aparecerá un **icono de altavoz** que puedes mover, redimensionar u ocultar, según prefieras:

Una vez insertado, el reproductor de audio aparece con controles visibles para reproducir, pausar o adelantar el sonido.

La pestaña **Reproducción** aparece automáticamente al seleccionar un archivo de audio insertado en una diapositiva. Desde aquí se configuran todos los aspectos sobre cómo y cuándo se escuchará el sonido durante la presentación.

Las **opciones de configuración** (pestaña **Reproducción**) son las siguientes:

➲ **Vista previa.** El botón **Reproducir** permite escuchar el audio directamente desde PowerPoint antes de presentarlo.

El botón Reproducir permite realizar una vista previa del audio directamente desde la diapositiva, facilitando su revisión antes de la presentación.

⊃ **Marcadores.** Las opciones **Agregar marcador** y **Quitar** marcador permiten definir puntos específicos dentro del audio, útiles para sincronizarlo con animaciones o transiciones.

*La opción Agregar marcador
permite establecer puntos
específicos dentro del audio.*

⊃ **Edición.** Incluye opciones como **Recortar audio,** que permite eliminar partes del principio o del final del clip, y los controles de **Duración del fundido,** donde se pueden aplicar efectos de entrada o salida suave (intensificación y atenuación).

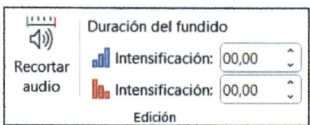

*El panel Recortar audio permite
ajustar el inicio y el final del sonido.*

⊃ **Opciones de audio.** Permiten decidir el comportamiento del sonido:

☋ **Inicio:** elegir si se reproduce al hacer clic o automáticamente.
☋ **Reproducir en todas las diapositivas:** mantiene el audio durante toda la presentación.
☋ **Repetir la reproducción hasta su interrupción:** el audio se reproduce en bucle.
☋ **Ocultar durante presentación:** el icono del audio no será visible durante la exposición.
☋ **Rebobinar después de la reproducción:** vuelve al inicio del clip una vez terminado.

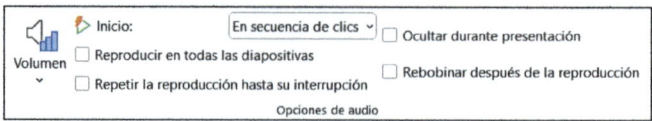

*El apartado Opciones de audio permite configurar el modo de inicio, la
reproducción en varias diapositivas, el reinicio automático y el volumen.*

● **Estilos de audio.** Permite aplicar configuraciones rápidas, como **Reproducir en el fondo,** ideal para música ambiental.

La opción Estilos de audio permite aplicar configuraciones rápidas, como Reproducir en el fondo, ideal para acompañar la presentación con música ambiental.

● **Opciones de subtítulos.** Posibilita insertar subtítulos para mejorar la accesibilidad.

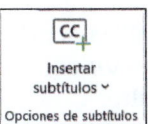

La opción Insertar subtítulos posibilita añadir texto sincronizado al contenido multimedia, mejorando así la accesibilidad y la comprensión.

● **Guardar multimedia como.** Permite exportar el archivo de audio para usarlo fuera de la presentación.

La opción Guardar multimedia como permite exportar el archivo de audio para utilizarlo fuera de la presentación o compartirlo de forma independiente.

 **EJEMPLO**

En una presentación turística, se puede insertar una breve grabación ambiental con sonidos naturales al inicio, para ambientar la exposición.

 **CONSEJO**

Usa el audio con moderación. Un sonido breve o una voz en off bien sincronizada puede enriquecer la presentación, pero un exceso puede distraer al público.

4.2. Inserción de vídeo

El vídeo es un recurso potente para mostrar procesos, entrevistas o demostraciones. PowerPoint admite tanto archivos locales como vídeos en línea.

Para **insertar un vídeo** se debe:

- **Paso 1.** Abre la diapositiva donde deseas incluirlo.
- **Paso 2.** Ve a **Insertar → Vídeo.**
- **Paso 3.** Selecciona entre:

  - **Vídeo desde este dispositivo:** permite insertar un archivo de vídeo almacenado localmente en el equipo, en formatos como .mp4, .mov o .wmv. Es la opción más estable para reproducir el contenido sin depender de internet.
  - **Vídeo desde vídeos de archivo:** se usa para buscar clips de vídeo en bibliotecas internas o colecciones multimedia de *Microsoft*.
  - **Vídeo en línea:** permite insertar enlaces directos desde plataformas como *YouTube* o *Vimeo*. En este caso, es necesario disponer de una conexión activa a internet durante la presentación para que el vídeo pueda reproducirse correctamente.

El menú Insertar vídeo desde permite incorporar contenido audiovisual desde el dispositivo o desde fuentes en línea, enriqueciendo la presentación con elementos dinámicos y visuales.

El vídeo insertado aparece como un rectángulo que puedes mover. También puedes ajustarlo al tamaño deseado:

El vídeo insertado aparece como un objeto ajustable dentro de la diapositiva, lo que permite modificar su tamaño y su posición para integrarlo al diseño.

Desde la pestaña **Formato de vídeo** se pueden aplicar efectos visuales (bordes, sombras o estilos):

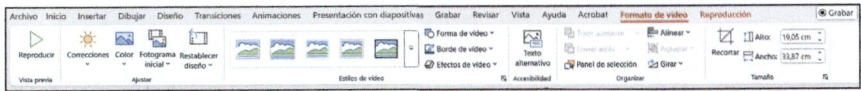

La pestaña Formato de vídeo permite aplicar bordes, sombras y estilos visuales que mejoran la integración del vídeo en la diapositiva.

Además, tenemos las opciones de **reproducción** (pestaña **Reproducción**):

- **Reproducir/Vista previa.** Permite comprobar el vídeo directamente desde la diapositiva sin necesidad de iniciar la presentación.
- **Marcadores.** Los botones **Agregar marcador** y **Quitar marcador** sirven para definir puntos específicos del vídeo, facilitando su sincronización con otros elementos (como animaciones o transiciones).
- **Recortar vídeo.** Permite eliminar partes del inicio o del final, de modo que solo se muestre el fragmento relevante.
- **Fundido de entrada y salida.** Ajusta la duración del efecto de aparición o desaparición progresiva del vídeo, aportando una transición más suave.
- **Volumen.** Regula el nivel de sonido durante la presentación.
- **Opciones de vídeo:**

  - **Inicio:** determina cuándo comenzará la reproducción (al hacer clic o automáticamente).
  - **Reproducir a pantalla completa:** amplía el vídeo durante la presentación.

  - **Ocultar con reproducción detenida:** hace que el vídeo desaparezca cuando no se está reproduciendo.
  - **Repetir la reproducción hasta su interrupción:** permite que el vídeo se reproduzca en bucle.
  - **Rebobinar después de la reproducción:** devuelve el vídeo al inicio al finalizar.

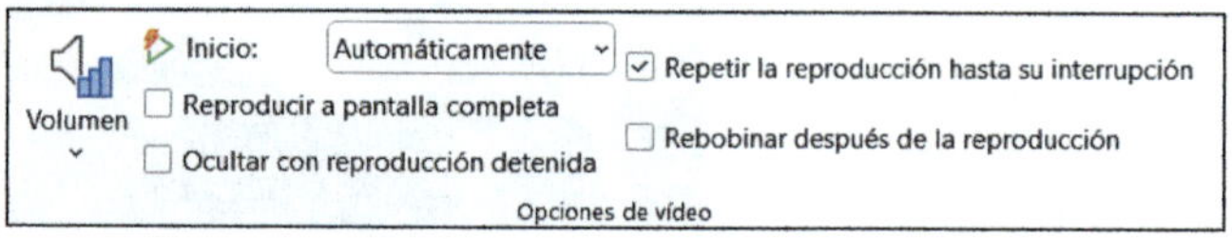

El panel Opciones de vídeo permite controlar cómo se comporta un clip durante la presentación.

- **Insertar subtítulos.** Mejora la accesibilidad, al permitir mostrar texto sincronizado con el contenido del vídeo.
- **Guardar multimedia como.** Posibilita exportar el vídeo utilizado en la presentación para guardarlo como archivo independiente.

CONSEJO

Activar **Inicio automáticamente** junto con **Reproducir a pantalla completa** es ideal para presentaciones que integran vídeos explicativos o promocionales que deben comenzar sin intervención del ponente.

4.3. Configuración de elementos multimedia

Una vez insertados, tanto el audio como el vídeo pueden personalizarse para adaptarse al ritmo y al estilo de la presentación.

Como sabemos, las opciones más importantes están disponibles en las pestañas **Formato de audio/vídeo** y **Reproducción,** que aparecen automáticamente al seleccionar el elemento.

Las **configuraciones** más utilizadas son las siguientes:

Inicio de reproducción
- Elegir si el elemento comienza de forma automática o manual.

Duración y sincronización
- Definir cuándo debe aparecer o desaparecer el audio o el vídeo.

Animaciones de entrada/salida
- Se pueden combinar con efectos visuales para integrarlos mejor en la diapositiva.

Panel de animación
- Coordina la reproducción de varios elementos (por ejemplo, texto + vídeo).

Ocultar durante la presentación
- Permite mantener el sonido o el vídeo activo sin que se vea el icono o marco.

Compresión multimedia
- Desde **Archivo → Información → Comprimir medios,** reduce el tamaño de los archivos para mejorar el rendimiento y facilitar su envío.

5. Animaciones y transiciones

☞ **HILO CONDUCTOR**

Con el contenido ya listo, Lisbeth y Manuel exploran las animaciones y transiciones para dar fluidez a su presentación. Aprenden a diferenciar entre los efectos que se aplican dentro de una diapositiva (animaciones) y los que permiten pasar de una diapositiva a otra (transiciones). Al ajustar la temporización y automatización, consiguen que la presentación avance con ritmo y profesionalidad, sin distracciones innecesarias.

Las **animaciones** y **transiciones** son herramientas que aportan movimiento y dinamismo a las presentaciones.

Su función no es solo estética, sino también comunicativa: ayudan a **dirigir la atención del público, secuenciar la información** y **reforzar el mensaje** visualmente.

NOTA

PowerPoint 365 incluye múltiples efectos que pueden aplicarse tanto a los objetos de una diapositiva como al paso entre ellas, permitiendo así un control preciso del ritmo de la exposición.

5.1. Diferencias entre animación y transición

Aunque ambas funciones aportan movimiento, su finalidad es distinta:

Qué afecta	- **Animación:** elementos dentro de una misma diapositiva (texto, imágenes, formas, gráficos, etc.). - **Transición:** el paso o cambio de una diapositiva a otra.
Objetivo	- **Animación:** dar énfasis, mostrar u ocultar contenido y mantener la atención del público. - **Transición:** crear un efecto visual al pasar de una diapositiva a otra.
Ubicación en la cinta	- **Animación:** pestaña **Animaciones.** - **Transición:** pestaña **Transiciones.**
Ejemplos	- **Animación:** Desvanecer texto, Volar desde la izquierda, Girar una imagen. - **Transición:** Fundido, Empuje, Cortina, Transformación.
Panel de control	- **Animación:** panel **Animación** para ordenar y ajustar efectos. - **Transición:** grupo **Opciones de transición** en la cinta de opciones.

 **EJEMPLO**

En una presentación empresarial, una animación puede hacer que los datos aparezcan uno a uno para mantener la atención, mientras que una transición suave entre diapositivas mantiene la continuidad visual de la exposición.

- -

 CONSEJO

Usa los efectos con moderación. Una presentación profesional debe priorizar la claridad y la coherencia antes que el exceso de movimiento.

- -

5.2. Creación y edición de efectos

Para aplicar **animaciones a objetos** hay que seguir los siguientes **pasos:**

Paso 1

- Selecciona el texto, imagen o elemento que deseas animar.

Paso 2

- Ve a la pestaña **Animaciones.**

Paso 3

- Elige un efecto del grupo **Animación:**
  - **Entrada:** el objeto aparece en pantalla (Desvanecer, Volar, Rebotar...).
  - **Énfasis:** resalta un elemento ya visible (Girar, Aumentar tamaño, Cambiar color...).
  - **Trayectorias de movimiento:** permiten mover un objeto siguiendo una ruta determinada (línea, curva, círculo, etc.).

Cuando se aplica un efecto, PowerPoint muestra un número junto al objeto para indicar el orden de reproducción:

El número junto al objeto indica el orden de ejecución de la animación en la presentación, facilitando su organización visual.

En la misma pestaña **Animaciones,** se pueden usar estas herramientas:

- **Vista previa.** Permite reproducir la animación seleccionada para ver cómo se mostrará durante la presentación.
- **Opciones de efectos.** Ajusta la dirección, el orden o la intensidad de la animación.
- **Panel de animación.** Muestra la lista de efectos aplicados y permite modificar su secuencia.
- **Agregar animación.** Añade nuevos efectos al mismo objeto sin eliminar los existentes.
- **Inicio.** Define cuándo comienza la animación (al hacer clic, con la anterior o después de la anterior).
- **Duración.** Determina la velocidad del efecto.
- **Retraso.** Establece un tiempo de espera antes de que la animación empiece.
- **Reordenar animación.** Permite cambiar la posición del efecto en la secuencia (mover antes o después).

La pestaña Animaciones agrupa efectos de entrada, énfasis y salida que permiten dinamizar objetos en la diapositiva y controlar su secuencia de aparición.

 **CONSEJO**

Combinar efectos de entrada, énfasis y salida ayuda a mantener el interés del público sin sobrecargar la presentación.

5.3. Temporización y automatización

Las animaciones y transiciones pueden configurarse para reproducirse automáticamente o mediante clic, controlando así el ritmo de la presentación.

En el grupo **Intervalos** de la pestaña **Animaciones** se encuentran tres parámetros clave:

⮞ **Inicio:**

- ◑ *Al hacer clic:* el efecto se ejecuta manualmente.
- ◑ *Con la anterior:* se ejecuta al mismo tiempo que el efecto anterior.
- ◑ *Después de la anterior:* comienza justo cuando termina el anterior.

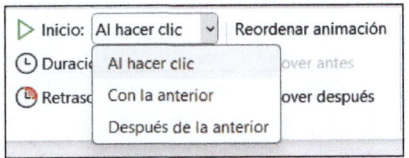

La sincronización de efectos contribuye a mantener la atención del público.

⮞ **Duración.** Determina la velocidad de la animación (más corta o más rápida).

⮞ **Retraso.** Establece cuánto tiempo esperar antes de iniciar la animación.

Estos ajustes permiten **sincronizar el movimiento** de varios objetos o crear efectos de encadenamiento visual.

Para activar la **automatización** de transiciones hay que seguir este proceso:

⮞ **Paso 1.** Selecciona la diapositiva.

⮕ **Paso 2.** Ve a la pestaña **Transiciones.**

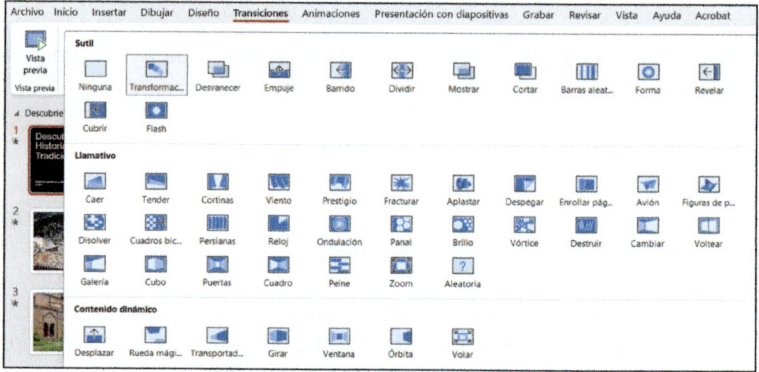

Las transiciones bien elegidas refuerzan la continuidad visual entre diapositivas.

⮕ **Paso 3.** Elige el tipo de transición y ajusta las opciones:

- **Efecto de sonido:** añade un breve sonido entre diapositivas (opcional).
- **Duración:** controla la velocidad del cambio.
- **Avanzar diapositiva:**

  - Al hacer clic con el ratón.
  - Después de X segundos (para avanzar automáticamente).

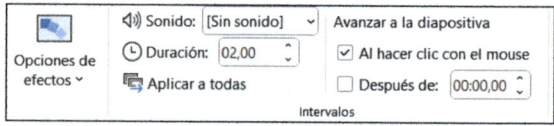

Ajustar la duración y el avance mejora el ritmo narrativo de la presentación.

 ACTIVIDAD COMPLEMENTARIA

4. Analiza y debate cómo el uso de animaciones y transiciones puede mejorar o perjudicar la efectividad de una presentación en PowerPoint 365. Reflexiona sobre cuándo aplicarlas, cómo combinarlas y qué pautas seguir para lograr una exposición clara y profesional.

Continúa en página siguiente >>

<< Viene de página anterior

- ¿Qué diferencia existe entre una animación y una transición en cuanto a su función dentro de la presentación (dar énfasis, organizar el contenido o cambiar de diapositiva)?
- ¿Qué riesgos implica abusar de los efectos visuales?
- ¿Cómo pueden las animaciones y transiciones reforzar el mensaje sin distraer al público?

6. Difusión de presentaciones

 HILO CONDUCTOR

Llega el momento de compartir su trabajo con los demás. Exportan la presentación a PDF para enviarla como documento de referencia, y también la convierten en vídeo con narración para quienes no puedan asistir en directo. Además, prueban las opciones de publicación y uso compartido de PowerPoint, asegurando que su proyecto llegue al máximo número de personas posibles. De esta manera, Lisbeth y Manuel completan el ciclo, llevando su idea inicial a una presentación profesional lista para difundirse.

Una vez creada, la presentación puede compartirse en distintos formatos según el público y el contexto.

PowerPoint 365 permite **exportar, grabar y publicar** las presentaciones para que lleguen a cualquier persona, incluso sin necesidad de usar el propio programa.

Estas funciones hacen posible difundir el trabajo de forma profesional, accesible y versátil.

6.1. Exportación a PDF y vídeo

PowerPoint permite convertir una presentación en un **documento PDF** o en un **vídeo.**

Cada formato tiene un propósito diferente:

El formato **PDF** (*portable document format*) es ideal para **compartir la presentación como documento de lectura,** ya que conserva el diseño, la tipografía y las imágenes, pero sin permitir modificaciones.

Los **pasos** para **exportar a PDF** son:

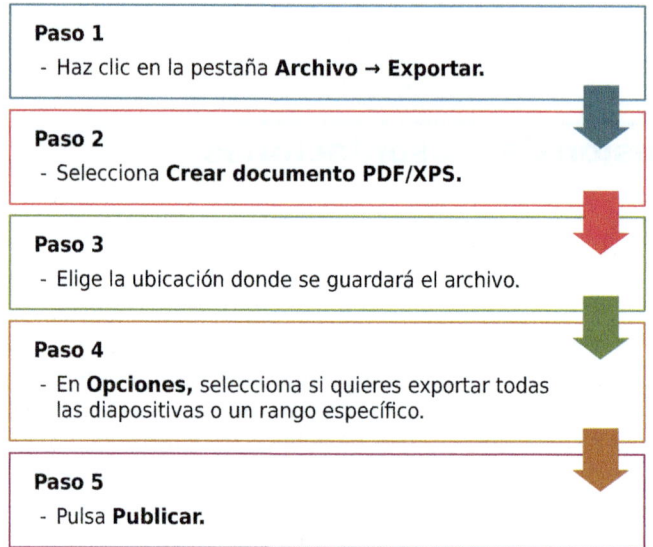

Paso 1
- Haz clic en la pestaña **Archivo → Exportar.**

Paso 2
- Selecciona **Crear documento PDF/XPS.**

Paso 3
- Elige la ubicación donde se guardará el archivo.

Paso 4
- En **Opciones,** selecciona si quieres exportar todas las diapositivas o un rango específico.

Paso 5
- Pulsa **Publicar.**

 **EJEMPLO**

Enviar un PDF de la presentación a las personas asistentes a una reunión para que lo consulten posteriormente.

 **NOTA**

Si se incluyen animaciones o vídeos, el PDF solo mostrará las imágenes estáticas de cada diapositiva.

Además, convertir la presentación en un vídeo permite reproducirla sin necesidad de abrir PowerPoint y mantener transiciones, narraciones o animaciones.

Los **pasos** para **exportar a vídeo** son los siguientes:

➲ **Paso 1.** Abre **Archivo → Exportar → Crear un vídeo.**
➲ **Paso 2.** Selecciona la calidad deseada:

    ◍ Ultra HD (4K), 3840 x 2160: ofrece la máxima calidad de imagen. Ideal para presentaciones destinadas a pantallas grandes o proyecciones profesionales. Genera archivos de gran tamaño.
    ◍ Full HD (1080p), 1920 x 1080: calidad alta y definición completa. Es la opción más equilibrada para la mayoría de usos profesionales o educativos.
    ◍ HD (720p), 1280 x 720: calidad media, con un tamaño de archivo moderado. Recomendado para vídeos destinados a compartir por internet o plataformas de aprendizaje virtual.
    ◍ Estándar (480p), 852 x 480: calidad baja y archivo más ligero. Adecuado para dispositivos antiguos o presentaciones que no requieren alta resolución.

➲ **Paso 3.** Indica si quieres usar los intervalos y narraciones grabados o establecer un tiempo fijo por diapositiva.
➲ **Paso 4.** Haz clic en **Crear vídeo,** elige la ubicación y espera a que finalice la exportación.

 **EJEMPLO**

Grabar una presentación corporativa y publicarla en la web de la empresa o en un canal de *YouTube.*

6.2. Grabación con narración

PowerPoint 365 incluye una herramienta para **grabar la presentación con voz, cámara y animaciones sincronizadas,** ideal para exposiciones *online* o clases virtuales.

Para **grabar una presentación** se deben seguir los siguientes **pasos:**

⬧ **Paso 1.** Ve a la pestaña **Presentación con diapositivas → Grabar.**
⬧ **Paso 2.** Elige si deseas grabar desde el principio o desde la diapositiva actual.

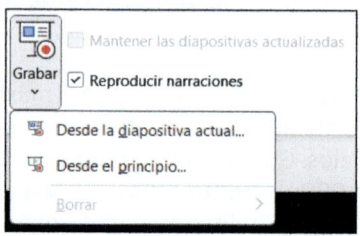

Grabar la narración permite crear presentaciones más personales y guiadas.

⬧ **Paso 3.** Activa los dispositivos que necesites: micrófono, cámara o lápiz digital.
⬧ **Paso 4.** Durante la grabación podrás avanzar diapositivas, hablar y dibujar sobre ellas.
⬧ **Paso 5.** Al finalizar, se guardan automáticamente los tiempos, las narraciones y los gestos.

El resultado puede reproducirse directamente o exportarse como vídeo.

Durante la reproducción, PowerPoint mostrará la narración y los punteros en el momento exacto en que fueron grabados.

 **EJEMPLO**

Una docente puede grabar su presentación explicando los contenidos de cada diapositiva para que el alumnado la vea en diferido.

6.3. Publicación y uso compartido

PowerPoint 365 ofrece varias formas de **compartir presentaciones** con otras personas o equipos, facilitando el trabajo colaborativo y la difusión *online.*

Compartir en la nube *(OneDrive* o *SharePoint):*

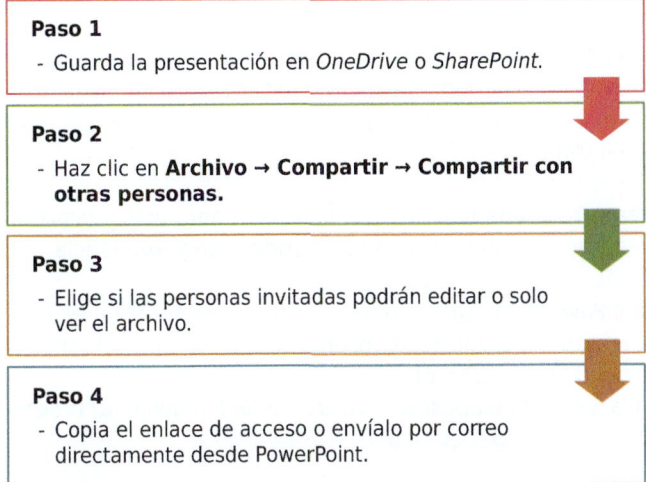

Paso 1
- Guarda la presentación en *OneDrive* o *SharePoint.*

Paso 2
- Haz clic en **Archivo → Compartir → Compartir con otras personas.**

Paso 3
- Elige si las personas invitadas podrán editar o solo ver el archivo.

Paso 4
- Copia el enlace de acceso o envíalo por correo directamente desde PowerPoint.

Esto permite trabajar de forma simultánea, con cambios guardados automáticamente.

PowerPoint también permite mostrar la presentación directamente en Internet:

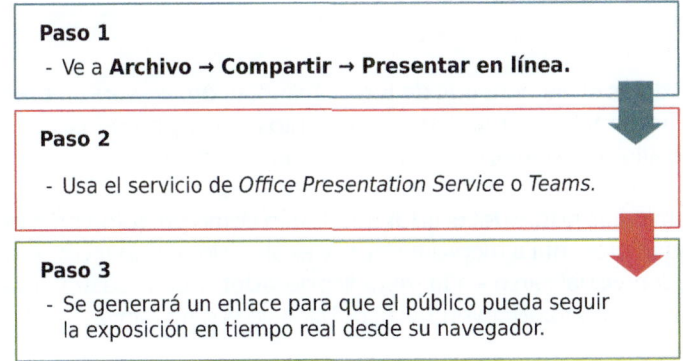

Paso 1
- Ve a **Archivo → Compartir → Presentar en línea.**

Paso 2
- Usa el servicio de *Office Presentation Service* o *Teams.*

Paso 3
- Se generará un enlace para que el público pueda seguir la exposición en tiempo real desde su navegador.

 **TAREA 4**

María está preparando la presentación final de su proyecto sobre camperizar una furgoneta. Quiere que la exposición sea más dinámica, por lo que deciden añadir un audio introductorio y un vídeo demostrativo que muestren los resultados del trabajo.

Tu tarea será ayudarla a integrar correctamente estos recursos multimedia en la presentación, configurando su reproducción y apariencia:

- Abre PowerPoint 365 y crea una nueva presentación en blanco.
- En la primera diapositiva, inserta un archivo de audio (puede ser un sonido o una narración breve).
- En la segunda diapositiva, inserta un vídeo desde tu ordenador o en línea.
- Configura el vídeo para que:

  · Comience automáticamente.
  · Se reproduzca a pantalla completa.
  · Se rebobine al finalizar.

7. Resumen

El texto es el eje principal de toda presentación. PowerPoint permite **redactar, editar y formatear** fácilmente títulos, listas y párrafos, aplicando distintos estilos de fuente, colores, alineaciones o viñetas.

Además, las **notas del orador** funcionan como un guion privado que ayuda a quien presenta a recordar datos y explicaciones sin mostrarlos al público. Pueden visualizarse en la **vista Moderador,** que muestra notas y tiempos solo al presentador mientras el público ve la diapositiva.

Para reforzar los mensajes, PowerPoint ofrece múltiples recursos visuales:

Imágenes, que pueden recortarse, ajustarse o decorarse con estilos rápidos.

Tablas, útiles para organizar datos en filas y columnas.

Gráficos, ideales para representar cifras y comparaciones.

SmartArt, diagramas visuales que ilustran procesos, jerarquías, relaciones o ciclos.

Los **audios y vídeos** aportan dinamismo y refuerzan la comunicación audiovisual.

Los **archivos de audio** pueden ser narraciones grabadas o música de fondo.

Los **vídeos** pueden insertarse desde el equipo o desde plataformas en línea, ajustando su tamaño, volumen, duración o efectos de fundido.

Las **animaciones** se aplican a objetos dentro de una diapositiva (texto, imágenes o gráficos), mientras que las **transiciones** afectan al cambio entre diapositivas.

PowerPoint permite elegir entre efectos de **entrada, énfasis, salida o trayectorias de movimiento,** además de controlar su orden, duración y retraso mediante el **panel de animación.**

Una vez finalizada la presentación, PowerPoint ofrece diversas formas de **exportarla y compartirla:**

| Exportación a PDF | Exportación a vídeo | Grabación con narración | Publicación y uso compartido |

Ejercicios de autoevaluación
Unidad de Aprendizaje 2

1. ¿Qué función tienen las notas del orador en PowerPoint 365?

a. Mostrar explicaciones adicionales al público durante la presentación.
b. Servir de guía privada para quien presenta, sin mostrarse en pantalla.
c. Añadir comentarios visibles para todos los asistentes.
d. Sustituir los textos principales de las diapositivas.

2. ¿Dónde se activa el panel de notas para escribir notas del orador?

a. Pestaña Insertar → Comentario
b. Pestaña Vista → Notas
c. Pestaña Revisar → Panel de comentarios
d. Pestaña Archivo → Opciones → Avanzadas

3. ¿Qué opción de PowerPoint permite representar procesos o jerarquías visuales a partir de texto?

a. *SmartArt*
b. *WordArt*
c. Organigrama de *Excel*
d. Formas rápidas

4. ¿Qué diferencia principal existe entre una animación y una transición?

a. La animación se aplica a los objetos dentro de una diapositiva; la transición, al cambio entre diapositivas.
b. La animación sirve para cambiar de diapositiva; la transición, para mover texto.
c. Ambas se aplican a toda la presentación por igual.
d. La animación siempre lleva sonido y la transición no.

5. ¿Qué efecto produce la opción Reproducir en el fondo al insertar un audio?

    a. El audio se detiene al pasar a la siguiente diapositiva.
    b. El sonido se reproduce durante toda la presentación y el icono se oculta.
    c. Se limita la duración del clip a 30 segundos.
    d. Reproduce el audio solo en la diapositiva activa.

6. ¿Qué formato es más adecuado para compartir una presentación que no deba modificarse?

    a. .PPTX
    b. .POTX
    c. .PDF
    d. .MP4

7. ¿Qué opción de exportación mantiene las animaciones, narraciones y transiciones activas en un solo archivo reproducible?

    a. Crear documento PDF/XPS.
    b. Crear un vídeo.
    c. Guardar como plantilla.
    d. Imprimir diapositivas.

8. Indica si las siguientes oraciones son verdaderas o falsas:

    a. "Las notas del orador pueden verse en la vista Moderador durante la presentación".

        ■ Verdadero
        ■ Falso

    b. "Los textos en diapositiva deben ser extensos para evitar olvidar información".

        ■ Verdadero
        ■ Falso

c. "Es recomendable usar solo una o dos tipografías distintas para mantener coherencia visual".

- ■ Verdadero
- ■ Falso

9. Indica si las siguientes oraciones son verdaderas o falsas:

a. "*SmartArt* permite representar procesos, relaciones o jerarquías de forma visual".

- ■ Verdadero
- ■ Falso

b. "Las imágenes insertadas desde Imágenes de archivo de *Microsoft* están libres de derechos para uso educativo o corporativo".

- ■ Verdadero
- ■ Falso

c. "Los vídeos insertados desde internet requieren conexión activa para reproducirse durante la presentación".

- ■ Verdadero
- ■ Falso

10. Indica si las siguientes oraciones son verdaderas o falsas:

a. "Las animaciones sirven para aplicar efectos a objetos dentro de una diapositiva, mientras que las transiciones se usan para cambiar entre diapositivas".

- ■ Verdadero
- ■ Falso

b. "El abuso de efectos visuales puede distraer y restar profesionalidad a la presentación".

- ■ Verdadero
- ■ Falso

c. "Exportar la presentación a vídeo permite conservar narraciones, sonidos y transiciones".

- Verdadero
- Falso

Glosario

Animación
Movimiento aplicado a elementos dentro de una misma diapositiva (texto, imágenes, formas) para destacar o secuenciar la información.

Cinta de opciones
Barra superior que organiza todas las herramientas de PowerPoint en pestañas como **Inicio, Insertar, Diseño** o **Transiciones.**

Cuadro de texto
Contenedor que permite insertar texto en cualquier lugar de la diapositiva, independientemente del diseño predeterminado.

Diapositiva
Cada una de las páginas que componen una presentación en PowerPoint, donde se inserta texto, imágenes y otros elementos visuales.

Formato de imagen
Conjunto de opciones (**Recortar, Ajustar color, Aplicar bordes** o **Efectos**) disponibles para editar imágenes dentro de PowerPoint.

Gráfico
Representación visual de datos numéricos (columnas, líneas, circular, barras, etc.) para facilitar la interpretación de la información.

Guardar como vídeo
Función que convierte la presentación en un archivo de vídeo (.mp4 o .wmv), conservando animaciones, narraciones y transiciones.

Multimedia
Conjunto de elementos de audio y vídeo que pueden insertarse en las diapositivas para enriquecer la presentación.

Notas del orador
Comentarios o recordatorios privados que acompañan a cada diapositiva y sirven de apoyo durante la exposición.

Panel de diapositivas
Zona lateral izquierda donde se muestran las miniaturas de todas las diapositivas, lo que permite reordenarlas o eliminarlas.

Panel de notas
Espacio inferior que permite añadir recordatorios o guiones que solo verá la persona que expone.

Plantilla
Diseño predefinido que incluye colores, fuentes y fondos, utilizado para dar coherencia visual a todas las diapositivas.

SmartArt
Herramienta que transforma texto en diagramas visuales (procesos, jerarquías, ciclos, relaciones, etc.).

Tabla
Estructura en filas y columnas que organiza datos de forma clara y ordenada dentro de una diapositiva.

Tema
Conjunto de estilos y combinaciones de colores aplicables a toda la presentación para mantener una identidad gráfica uniforme.

Transición
Efecto visual que se aplica al pasar de una diapositiva a otra, aportando fluidez a la exposición.

Vista Clasificador de diapositivas
Modo que muestra todas las diapositivas en miniatura para reorganizarlas de forma visual.

Vista Moderador
Modo que permite al presentador ver las notas, el temporizador y la siguiente diapositiva en su pantalla, mientras el público ve solo la presentación.

Vista Normal
Modo principal de trabajo para editar texto, imágenes y objetos en cada diapositiva.

Vista Presentación con diapositivas
Modo a pantalla completa utilizado para exponer o ensayar la presentación.

Bibliografía

Monografías

→ GRIS, M.: *PowerPoint (versiones 2019 y Office 365): funciones básicas.* Barcelona: Ediciones ENI, 2019.

> Este manual está pensado para todas aquellas personas que se inician en el uso de *Microsoft* PowerPoint 2019 u *Office 365*. Explica de manera clara y progresiva las funciones esenciales del programa, desde la creación y el guardado de presentaciones hasta la inserción y edición de textos, imágenes, vídeos, tablas y gráficos.

Textos electrónicos

→ Guía rápida *Office 365*. Familia Mediana Empresa. Telefónica España, de: <https://www.aplicateca.es/Resources/844fb1e1-4cab-4847-8967-ea721d33f3ed/Office%20365%20Mediana%20Empresa%20-Guia_%20Rapida%20v2.pdf>.

> Esta guía práctica, publicada por *Movistar* dentro de su plataforma *Aplicateca*, ofrece una introducción clara y concisa al uso de *Office 365* en entornos empresariales. Está dirigida especialmente a pequeñas y medianas empresas que desean aprovechar las ventajas de las herramientas colaborativas en la nube.

→ Introducción a *Office 365*. AF3: Creación de contenidos digitales, de: <https://blogsaverroes.juntadeandalucia.es/ceperdionisiomontero/files/2023/12/TEMA-3.pdf>.

> Este módulo formativo pertenece al itinerario Digitalización aplicada al sector productivo, enmarcado en las competencias digitales transversales básicas. Su finalidad es familiarizar al alumnado con el entorno de *Microsoft Office 365* como herramienta de productividad, colaboración y creación de contenidos digitales.

→ PowerPoint de *Microsoft 365:* aprendemos a trabajar con el nuevo entorno. Programa CyL Digital, de:
<https://cyldigital.es/system/files/selflearning/files/
presentacio%CC%81npowerpoint.pdf>.

Material formativo elaborado dentro del programa CyL Digital de la Junta de Castilla y León, que tiene como finalidad enseñar el uso de *Microsoft* PowerPoint 365 desde una perspectiva práctica. Se trata de un recurso introductorio orientado a usuarios principiantes que desean adquirir competencias digitales básicas para la comunicación y la presentación de contenidos.